자유를 위한 문화행동 *Cultural Action for Freedom*

자유를 위한 문화행동
파울로 프레이리 지음
허준 옮김

Cultural Action for Freedom
Paulo Freire

저자소개

파울로 프레이리Paulo Freire, 1921~1997
20세기를 대표하는 브라질의 교육사상가이자 실천가로 1921년 브라질 헤시피 지역에서 태어나 헤시피대학교 교수, 하버드대학 방문교수, 상파울로시 교육감 등을 역임했다. 그는 오늘날 진보적인 교육자들이 채택하고 있는 '비판적 교육학'critical pedagogy의 창안자이자 구현자로서 이와 관련하여 20권 이상의 책을 저술하였다. 주요 저서로는 『페다고지: 억눌린 자를 위한 교육학』, 『희망의 교육학』, 『자유의 교육학』, 『프레이리의 교사론』, 『우리가 걸어가면 길이 됩니다』, 『파울로 프레이리의 문해교육』, 『연대의 페다고지』 등이 있다.

역자소개

허준
영남대학교 교육학과 교수로 서울대학교 철학과를 졸업하고 같은 대학 교육학과에서 평생교육을 전공하여 석사학위와 박사학위를 받았다. 주요 연구 분야는 문해교육, 공동체학습, 사회운동, 시민교육 등이다. 지은 책으로는 『위기, 변화 그리고 공동체학습』, 『평생교육경영론』(공저), 『지방 소멸 시대의 농촌교육, 우리가 몰랐던 진실들』(공저)이 있으며, 옮긴 책으로는 『문해교육: 파울로 프레이리의 글읽기와 세계읽기』, 『페페의 희망교육』(공역), 『우리가 걸어가면 길이 됩니다』(공역), 『연대의 페다고지』(공역), 『문해, 믿음과 편견 그리고 실천』(공역)이 있다.

자유를 위한 문화행동

파울로 프레이리 지음
허준 옮김

목차

자유를 위한 문화행동: 편집자의 말

우리는 인권교육의 중요성을 강조하기 위하여 파울로 프레이리(1921-1997)의 논문 두 편을 이 책에 실었다. 이 논문은 1970년 『하버드교육리뷰, *Havard Educational Review*』에 실렸던 '자유를 위한 문화행동으로서 성인 문해과정, The Adult Literacy Process as Cultural Action for Freedom'과 '문화행동과 의식화, Cultural Action and Conscientization'이다. 이 논문들은 프레이리 사상의 핵심인 인권과 교육에 대한 원형적인 아이디어를 담고 있다. 프레이리는 억압에 저항하였던 민중들의 투쟁을 돕기 위하여 교육과 문해에 대한 보편적 권리를 촉진하는 데 앞장섰던 개척자였다. 프레이리가 1997년 5월 세상을 떠난 후, 제롬 브루너Jerome Bruner는 프레이리가 인간의 기본권에 대한 헌신을 유산으로 남겼다고 말했다. "프레이리는 세상을 멀리 바라보는 사람이자 용감한 사람이었습니다. 그는 우리 안에 있는 비인간적인 잔인성을 일깨웠어요. 우리는 모두 이런 잔인성을 극복하기 위해 무슨 일이든 해야 합니다."(바르셀로나대학 CREA연구센터와의 이메일 대화, 1997년 5월).

프레이리는 평생, 교육이 인간의 기본권이라는 자신의 신념을 실현하려 애썼다. 그의 저작들을 보면 프레이리가 어떻게 자신의 신념을 위해 노력했는지를 알 수 있다(Freire, 1993, 1994, 1997). 프레이리는 브라질과 칠레의 문해 캠페인을 이끌었고 여러 교육 프로젝트(브라질 페르남부쿠Pernambuco의 교육문화부 책임자, 유네스코 자문위원, 통합교회협의회United Council of Churches 교육부 책임자, 브라질 상파울로시 교육감)에 참여했으며, 1970년대 앙골라와 비니기사우 등 아프리카 신생 독립국들의 성인교육 프로그램을 지원했다.

1960년대 초 프레이리는 보편적 권리로서 문해와 교육을 지켜내기 위해 민중교육과 문화교육을 촉진하는 활동들을 시작하였다. 그는 교육자가 '교육받지 않은' 민중에게 문화를 전달하는 것이 교육에 관한 권리는 아니라고 하였다. 또한 교육에 관한 권리란 '선진국'이 '저개발국'으로[1] 전달하는 것도 아니라고 말했다. 프레이리는

---

1 프레이리는 논문에서 빈곤 국가들을 '제3세계 국가'로 지칭하면서, 이

교육에 대한 권리가 문화적인 소통을 담고 있다고 주장했다. 이 논문들이 발표되고 거의 30년이 지났지만, 프레이리의 사상은 여전히 생생하게 살아 숨 쉬고 있다.

프레이리의 저서 중 가장 유명한 『억압받는 사람을 위한 교육학, *Pedagogy of the Oppressed*』(1970)과 같은 해 발행되었던 이 논문들에서 프레이리는 폭로denunciation와 선포annunciation의 중요성에 대해 언급한다. 비인간화된 구조에 대한 폭로가 이런 구조를 변혁하기 위한 방법의 선포와 연결되어야 한다는 것이다. 이러한 점에서 이 논문은 이상주의적 교육학을 따른다. 프레이리는 예를 들어 억압받는 사람들과 억압하는 사람들을 모두 인간화하는 유일한 방법은 이들을 비인간화하는 구조를 변혁하는 일이라고 말한다. 이를 위해서는 폭로된 현실을 이해하고 선포된 변혁을 지원할 수 있는 행동 이론을 만드는 데 헌신해야 한다. 프레이리가 묘사하는 인간은 자신의 세계를 바꿀 수 있고 그 세계를 인간화할 수 있으며

들 국가들에게 종속과 침묵이 강제되고 있다고 밝힌다. '제3세계'는 1970년대에 쓰였던 용어이다. 이런 국가들을 '저개발국' 또는 '개발도상국'이라고 부르기도 하는데 어떤 경우든 서구적 관점에서 이들을 국가들을 열등한 국가로 범주화하고 있고 '타자화'하고 있다.

스스로를 자유롭게 할 수 있는 창조적 주체이다.

프레이리의 관점은 인권과 밀접하게 관련되어 있다: "인간[2]에게 읽기와 쓰기 학습은 말하기의 실제 의미를 알 수 있는 기회여야 한다: 인간의 행동은 성찰과 실천을 모두 포함한다. 따라서 읽기와 쓰기 학습은 인간의 원초적인 권리이다. 소수의 특권이 아니다... 문해과정은 *말하기*를 현실 변혁과, 그리고 이런 변혁을 위한 인간의 역할과 연결해야 하는 것이다."(49p 참조). '문화행동과 의식화'의 결론 부분에서는 모든 사람의 권리를 위한 투쟁의 의미를 읽을 수 있다: "만약 우리가 인간에 대한 신념을 갖고 있다면, 인간으로서 존재하기 위한 구체적인 행동을 해야 한다."(139p 참조).

파울로 프레이리는 특정한 역사 시기에 이 논문들을 썼다. 그의 글에는 자신의 역사적이고 개인적인 경험이 묻어 나온다. 1964년 주앙 굴라트João Goulart 정부[3]를 무

---

2 프레이리는 논문에서 인간을 의미하는 단어에 'man', 'men'을 썼는데 이는 당대의 일반적인 용법이었다. 여기에서는 현대적인 용법을 반영하여 'men'과 'women'을 병기하였다. 하지만 원 논문에서는 프레이리의 용법을 그대로 살려 썼다.

3 [역주] 주앙 굴라트(1918-1976)는 브라질의 24대 대통령으로서 1961

너뜨렸던 쿠데타가 일어나자 프레이리는 자신의 정치사상 때문에 구금되고 조국 브라질에서 추방되었다. 이후 1964년부터 1969년까지 칠레에 머물면서 자신의 사상을 발전시켰고, 그 성과가 이 책의 논문과 『억압받는 사람들을 위한 교육학, *Pedagogy of the oppressed*』(Freire, 1970)으로 이어졌다. 프레이리는 그가 함께 일했던 사람들과 브라질과 칠레에서 겪었던 고난, 즉 억압과 (프레이리가 보기에 또 다른 억압의 형태였던) 비문해의 문제를 알리려고 애썼다. 이 논문은 당대의 그의 관심, 즉 라틴아메리카 전역에 걸쳐 사람들의 일상생활과 인권에 영향을 미쳤던 농업개혁, 쿠데타와 이후 이어진 군부 독재(브라질, 우르과이, 아르헨티나, 페루, 그리고 이후에 칠레) 등에 관한 관심을 반영한다. 프레이리는 우리 모두가 쟁취해야 하는 교육에 관한 인간 권리에 대해 글을 썼다. 또한 인권의 파괴를 경험하고 목격했던 한 사람의 인간애 넘치는 관점에서 글을 썼다.

　　프레이리는 인간 의식의 문제를 교육적 관심으로 가져오면서 교육에 대한 행동주의적 경향에 맞서는 데 기

─────────

년에 직위하여 1964년 군사쿠데타로 물러난다. 2003년 룰라 실바Lula Silva가 정권을 잡기 전까지 마지막 좌파 대통령이었다.

여했다. 이 논문에서 그는 어떻게 의식화 과정을 통해 '비판적 차원'이 인간의 의식에 출현하는지 보여주고 있다. 프레이리는 "이런 의식의 '비판적인' 차원 때문에 인간은 세계 변혁에 대한 행동 목표를 세운다."(87p 참조)라고 말한다. 이러한 프레이리의 생각은 『억압받는 사람들을 위한 교육학』(Freire, 1970)에 있는 프락시스praxis 개념과 연결된다.[4] 그러나 의식화 사상은 프레이리의 전작(全作)oeuvre을 관통하여 펼쳐진다. 후기작에서 프레이리는 대화를 통해 의식화 과정이 통합된다고 강조하면서, 비판적인 사람이 되기 위해서는 교육자와 학습자 사이의 대화가 중요하다고 주장한다. 1970년대 중반부터 프레이리는 이런 과정의 대화적 특성을 의식화conscientização 개념으로 설명한다.

아마도 교육 분야에 프레이리가 기여한 가장 중요한 점은 인권을 대화의 방식으로 보편화하려던 노력일 것이다. 1960년대와 1970년대에 문해에 대한 보편적인 권

---

4 프락시스는 이론과 실천 사이, 즉 세계에 대한 비판적 사고와 뒤이어 일어나는 행동 사이의 관계이다.

리를 위해 헌신하였다. 그는 인본주의적이고 온정주의적으로 이루어졌던 전통적인 문해 캠페인에 비판적이었으며, 모든 개개인을 전인적 인간으로 바라보는 접근을 취했다. 그는 성인 문해교육을 통해 글에 접근하여 자신의 목소리를 얻음으로써 세계를 변혁할 수 있다는 신념을 갖고 있었다. 그는 또한 문해에 대한 권리를 보편화하고 '침묵의 문화'를 끝낼 수 있는 방법이 대화라고 역설하였다. 프레이리는 인권에 대한 서구적 관점이 갖는 모순을 폭로하고 인권이 보편적으로 갖고 있는 대화의 속성을 옹호하였다. 그는 또한 모든 교육자들이 갖춰야 할 보편적인 윤리의 필요성에 대한 입장도 밝혔다. 그는 자기 자신을 예로 들면서 "나는 중립적일 수 없습니다... 나는 배고픈 이유가 사회구조 때문이라는 점을 소작농들에게 적극적으로 가르치는 일에 개입해야 합니다. 그리고 제가 보기에 인간성을 해치는 범죄와도 같은 이런 사회구조를 만든 사람들이 누군지 확인할 수 있도록 이들과 더불어 행동해야 합니다"(Freire & Macedo, 1995, p.391)라고 말했다. 프레이리(1998)가 믿고 있었던 교육자의 보편적 윤리란 학습자를 교육하고 선명한 정치적 입장을 가지며 학습자들과 대화적 관계를 맺는 일이다.

오늘날 우리는 폭넓은 대화를 통하여 인권을 보편화해야 한다. 프레이리가 35년 전에 남긴 글은 계속해서 우리에게 말을 걸고 있다. 그래서 우리는 독자들을 '자유를 위한 문화행동으로서 성인 문해과정, The Adult Literacy Process as Cultural Action for Freedom'과 '문화행동과 의식화, Cultrural Action and Conscientization'라는 두 편의 글로 다시 초대한다. 그리고 정직한 교육, 함께 하는 교육에 대한 도전들을 같이 성찰하고자 한다. 우리는 모든 학교와 교육 현장에서 교육자들이 평등, 존중, 공정, 자유에 대한 열린 대화를 계속해서 해나가길 응원한다. 다양성을 포용하고 서로에 대한 관용에서 시작될 이런 대화는 인간 평등과 본유적 자유가 갖는 보편성을 더 빛나게 할 것이다.[5]

마르타 솔러-갈라트 Marta Soler-Gallart

바바라 엠 브릭시웨아 Bárbara M. Brixuea

---

5 의식화conscientização 개념은 『억압받는 사람들을 위한 교육, Pedagogy of the oppressed』(Freire, 1970) 개정판과 프레이리의 다른 저작(1987, 1995, 1997, 1998)에 포함되어 있다.

참고문헌

Freire, P. (1970). *Pedagogy of the oppressed*(rev.ed.). New York: Continuum.

Freire, P. (1994). *Pedagogy of hope.* New York: Continuum.

Freire, P. (1007). *Pedagogy of heart.* New York: Continuum.

Freire, P. (1998). *Teachers as cultural workers: Letters to those who dare to teach. Boulder.* CO: Westview Press.

Freire, P., & Macedo, D. (1987). *Literacy: Reading the world and the word. Westport.* CT: Bergin & Garvey.

Freire, P., & Macedo, D. (1995). A dialogue: Culture, language, and race. *Havard Education Review*, 65, 377-402.

자유를 위한 문화행동: 저자의 말

자유를 위한 문화행동으로서 교육에 대한 독자와 나의 이해를 돕기 위해 몇 가지 기본적인 것을 밝힐 필요가 있다.

이런 작업은 무엇보다 중요하다. 왜냐하면 우리가 인간을 위한 선택을 할때, 그 목적 중의 하나가 교육은 자유를 위한 문화행동이며 따라서 암기 행위가 아니라 앎의 행위이라는 점을 보여주는 것이기 때문이다. 이런 행위는 결코 기계론적으로 설명될 수 없는 복잡한 총체성을 갖는다. 기계론적 이론들은 교육 일반뿐만 아니라 문해교육을 앎의 행위로 보지 않는다. 대신 이런 이론들은 교육 실천을 기술의 조합으로 환원하며 중립적인 것으로 간단하게 치부해 버린다. 교육과정들은 건조하고 관료적인 공정 속에서 표준화된다.

그냥 하는 말이 아니다. 우리는 나중에 앎의 행위와 암기 행위의 극명한 차이를 구분할 수 있게 될 것이다. 그리고 성인 문해과정이 왜 중요한지도 확인하게 될 것이다.

그보다 먼저 사회-역사적 조건화에 대한 비판적 성찰의 필요성과 함께 이런 성찰의 사회-역사적 조건화에 대해 몇 가지 살펴보자.

비이원론적인 관점에서 사고와 언어는 항상 사고하는 주체의 현실을 하나의 총체로서 보여준다. 진정한 사고-언어는 주체와 그 주체의 구체적인 역사적, 문화적 현실 사이의 변증법적 관계 속에서 생성된다. 종속사회 dependent societies, object societies[1]의 소외된 문화 과정 안에서는 사고-언어 자체도 소외된다. 가장 가혹한 소외가 일어나는 시기의 종속사회에서는 진정한 사고가 나타나지 않기 때문이다. 여기에서 사유된 현실은 객관적으로 살아있는 현실보다는 소외된 사람들 자신이 상상한 현실과 일치한다. 소외된 사람들이 생각하는 주체로서 존중받지 못하는 객관적 현실 속에서 이런 사고는 효과적인 도구가 되지 못한다. 상상하거나 열망하는 현실 속에서

---

1 [역주] 여기에서 종속사회는 'dependent society'와 'object society'를 번역한 것이다. 이 두 용어에 대한 번역을 '종속사회'로 통일한다.

도 마찬가지이다.

지배사회director society[2]의 생활양식에 현혹된 소외된 인간은 자신의 세계에는 헌신할 수 없는 망상적인 존재이다. 여기에서 인간의 소외된 소망은 실제로 존재하지 않는다. 존재하는 것처럼 보일 뿐이다. 자신의 사고와 세계 표현 방식도 대개 지배사회의 사고와 표현을 반영한다.[3] 자신의 소외된 문화 때문에 특정 세계에 관한 신념

---

2   [역주] 여기에서 지배사회는 'director society'를 번역한 것이다. 이 책에서는 유사 의미로 'metropolitan society', 'metropolis'(도시사회)라는 용어가 쓰이고 있다. 1970년대 라틴아메리카의 대부분 인구가 농민이었다는 점에서 도시사회 또한 지배사회로 볼 수 있다. 용어상 혼란을 줄이기 위해 두 단어 모두 '지배사회'로 번역한다.

3   이런 지배사회는 보통 반대의 이유로 고통을 겪는다. 자연스러운 일이다 : 지배사회는 그 사회가 갖고 있는 사고의 무결점성에 대한 확신을 갖고 있으며, 종속사회는 이런 사고를 당연히 따라야 하는 것으로 간주된다. 이렇게 말하는 것을 한 가지 명백한 사실을 강조하는 일일 뿐이다 : 지배사회와 종속사회의 관계에서 종속사회의 소외(게헤이루 하모스Guerreiro Ramos는 이를 모범주의*exem plarism*라고 불렀다)는 지배사회의 고상한 태도와 상응한다. 그러나 어떤 경우든 이런 말을 절대화하는 것을 삼가야 한다. 소외된 사람들 중에서도 소외되지 않은 방식으로 사고하는 사람이 있듯이, 지배사회에도 고상하지 않은 사람들이 있기 때문이다. 두 경우 모두 서로 다른 이유로 자신이 속한 맥락의 규범을 파괴하고 있다.

이 없을 경우 자신의 사고와 세계 표현이 자신의 경계를 넘어 설 수 없다는 사실을 이해할 수 없게 된다. 집단적인 변혁 실천을 매개로 자신이 딛고 있는 세계를 성찰적으로 느끼고 인식할 수 있어야 자기 세계를 넘어선 사고와 의미를 획득할 수 있다.[4]

그러나 자기 자신과 세계에 대한 이러한 자각은 순수한 개인적 선택으로 이루어지는 것은 아니다. 이런 자각은 역사 과정의 결과이다. 역사 과정 속에서 종속사회는 사회 변혁을 감행한 경우 더욱 더 빨리 스스로에 대해 뒤돌아보고 스스로가 종속된 상태라는 것을 깨닫게 된다. 이 순간을 사회적 전환기라고 할 수 있는데, 문제적

---

4 이런 이행의 과정은 겉으로 보기에 흔들릴 것 같지 않은 지배사회에서도 독특한 방식으로 발생한다. 또한 사회적 풍요에 가려 이전에는 문제시되지도 않았던 가장 처절한 민중 영역의 출현을 목격하게 된다. 이들은 출현과 함께, 자신들의 존재를 권력 구조에 각인시킨다. 이들은 자기 조직화를 통하거나 또는 가장 강력한 정치적 압력의 형태로 피할 수 없는 자신들의 역사적 출현을 알린다. 오랜 시간 동안 순수한 학술적 요구에 집중했던 학생 단체들은 점차 억압받고 있는 집단들의 동요를 함께 나누게 된다. 똑같은 일이 지식인들 사이에서 가장 진보적인 방식으로 이루어진다. 이를 통해 전체 지배사회에 대한 문제제기가 시작된다.

순간이기도 하고 창조적 순간이기도 하다. 이런 역사 과정에서는 강도는 다르지만 아우성거리는 군중이 출현하게 된다.

　이런 민중의 출현으로 자연스럽게 새로운 생활양식이 창조된다. 대중들과 소위 지식인들도 모두 공식적으로 감지하지 못했던 사회 내외부의 모순들이 드러나기 시작한다. 소외된 문화에 대한 평가도 이런 방식으로 시작된다. 일부 지식인들은 처음으로 진정한 사회구조를 발견하게 된다. 그리고 자신들이 가지고 있었던 이전의 사회관을 바꾼다. 그동안 민중의 내적인 열등함으로 규정되었던 소외의 문제가 이때가 되면 소외 그 자체의 결과, 즉 지배 상황의 산물이라는 객관적인 인식이 이루어진다. 따라서 소외된 문화가 드러나면 날수록, 소외의 원인이 되었던 억압적인 현실이 폭로된다. 이에 따라 두 가지 양상이 펼쳐진다. 우선 문화적으로 소외된 사회는 그 사회를 억압하는 사회의 문화적, 경제적 이익에 기여하고 의존한다. 동시에 소외된 사회 내부에서 엘리트 권력이 대중을 억압한다. 어떤 경우 이들의 힘은 외부 엘리트의 힘과 동일하기도 하고 외부 엘리트의 힘이 내부 권력 집단으로 전이되는 형태로 나타나기도 한다.

어떤 경우든 이런 식민지적 상황에서 근본적인 문제가 나타난다. 바로 '침묵의 문화'가 만들어지고 유지된다는 것이다.[5] 여기에서 다시 두 가지 양상이 나타난다. 소외된 사회는 지배사회의 대상일 뿐이다. 그리고 지배사회는 소외된 사회에 귀 기울이지 않는다. 오히려 거꾸로 지배사회는 자신의 언어를 구사함으로써 효과적으로 소외된 사회를 침묵시킨다. 그러는 동안 소외된 사회 안에서도 파워 엘리트들이 대중들에게 침묵을 강제한다.

대중들이 자신의 출현을 만끽하는 단계를 넘어, 실천을 통하여 선포하는 단계, 즉 억압적인 침묵을 깰 수 있는 조직화 단계에 가까워지게 되면, 파워 엘리트들은 폭력적으로 이 과정을 저지하기 위한 시도를 한다. 그리고 대중들을 원래의 침묵 상태로 되돌리기에 엘리트들

---

5 '침묵의 문화'에 대해서는 루이스 엠 코로네세이카Louis M. Coloneseica가 편집한 『아메리카의 인권과 해방, *Human Rights and the Liberation of Man in the Americas*』에 있는 파울로 프레이리의 "라틴아메리카의 문화적 자유" Cultural Freedom in Latin America(Notre Dame, IN: University of Nortre Dame Press, 1970)를 참조할 것.

의 힘이 부치게 되면, 지배사회는 '초대받든' 초대받지 않든 스스로 나서게 된다.[6]

대중들을 침묵으로 되돌리기 위한 탄압에 앞서서, 그리고 그런 탄압과 함께 신화를 만들기 위한 노력이 이루어진다. 그리고 이 노력은 소외, 지배, 억압, 해방, 인간화, 자율성과 같은 단어를 활용하는 사악한 사고-언어를 통해 이루어진다. 선의를 가진, 그러나 순진한 사람들 사이에서 이루어지는 이런 노력에 대응하기 위해서, 실제 이런 단어들이 상징하는 것을 보여주기 위한 탈신화화 작업이 필요하다. 제3세계에서 객관적, 사회-역사적, 정치적 범주들은 매우 극적인 특성을 갖는다. 따라서 그 누구도 이에 대해 중립적일 수 없다.

'침묵의 문화'가 브라질에서 실체를 드러내고 있을

----

6 라틴아메리카의 정책을 살짝 훑어봐도 이런 주장은 증명된다. 그렇다고 하더라도 연속적인 쿠데타가 일어났다고 해서 라틴아메리카 민중들이 자신의 운명을 통제하는데 있어서 무능했다고 말할 수는 없다. 반대로 쿠데타와 지배층들이 자신들의 권력을 유지하기 위하여 휘둘렀던 폭력들은 인간답고자 노력했던 민중들의 힘에 대한 (지배사회가 주도한) 독재 정권들의 반작용이었다.

무렵, 제3세계인으로서 나는 성인 문해학습을 기계적 방법이 아닌 침묵의 문화 안에서 잉태된 교육이론으로 설명하기 시작했다. 이런 이론은 침묵의 목소리가 아니라 언제나 더듬거리고 있었던 목소리를 실제로 담아내는 도구 중 하나가 될 수 있었다.

이 책에 완전히 새로운 생각들을 담은 것은 아니다. 그런 일은 불가능하다. 제3세계인들과 지배사회인들의 긍정적 기여를 부정하지는 않는다. 하지만 한 세계에서 비롯된 사상을 무작정 다른 세계에 이식할 수는 없다. 게 헤이루 하모스Guerreiro Ramos 교수가 말한 사회학적 환원 *sociological reduction*[7]의 관점에서 이런 사상들을 분석해봐

---

7 Guerreiro Ramos, 『사회학적 환원, *A redução sociológica*』 (Rio de Janeiro: Instituto Superior de Estudos Brasilerios, 1965) 참조. [역주] 게 헤이루 하모스의 사회학적 환원(redução sociológica)이란 모든 것을 사회학 이론으로 환원시킨다는 부정적 의미의 사회학적 환원주의를 의미하지는 않으며 인식주체와 사물/사태 사이의 주관적 상호작용을 강조하는 훗설(Husserl)의 현상학적 환원(Phänomenologische Reduktion)과 유사하다. 즉 사회학적 환원에서는 역사적 사실이나 사회적 실재에 대한 일종의 방법론적 태도로서 외부 이론에 전적으로 의존하는 것이 아니라 일상적 관점이나 비판적 합리성을 통해 인식 주체와 사회적, 역사적 사실 사이의 끊임없는 상호작용이 강조된다.

야 한다. 불행하게도 여전히 제3세계에서는 이런 엄격한 과학적 태도가 일반적이지 않다. 침묵의 세계에서는 '목소리를 갖고 있고' 선택의 주체가 되며 자신의 운명을 자유롭게 기획하는 인간의 존재를 가정하는 일이 여전히 불가능하다. '존재론적'으로 불가능하기 때문에 그런 것이 아니다. 그런 것은 아예 존재하지 않는다. 그러나 최근 제3세계는 빠르게 자신들이 처한 곤경을 의식하기 시작했다. 매우 절박한 발전에 대한 요구들이 변함없는 침묵과 거짓 목소리의 상황 속에서는 실현될 수 없다는 사실을 이해하기 시작했다. 이런 조건 하에서는 근대화조차도 불가능하다.

따라서 목소리에 대한 권리를 획득하는 것, 말할 수 있는 권리를 되찾는 일은 제3세계에게 가장 중요한 화두이다. 물론 매우 어려운 일이지만 제3세계 민중들에게 전혀 불가능한 일도 아니다. 이런 일이 가능한 이후에야 침묵하고 환상 속에 있었던 사람들의 말들이 진짜 말이 된다. 말할 수 있는 권리, 자신의 운명을 결정할 수 있는 권리를 획득하게 된다면, 제3세계는 오늘날 침묵 속에 있는 사람들이 대화의 장으로 진입할 수 있는 (현재는 존재하지 않는) 조건을 스스로 만들게 될 것이다.

　침묵의 문화 속에서 목소리를 가져본 적이 있을지도 모르는 (깊은 상처가 되지는 않았지만) 중요한 경험을 이미 했던 한 사람으로서 소망이 하나 있다. 우리의 생각들이 자신의 목소리를 갖기 위해 싸우고 있는 모든 사람들과 역사적으로 마주할 수 있기를 바란다. 그들이 침묵의 문화 속에서 살고 있는 사람들이든, 목소리를 재단해 버리는 문화 속에서 고통을 겪고 있는 사람들이든.

파울로 프레이리

자유를 위한 문화행동으로서의 성인 문해과정

1장에서 파울로 프레이리는 성인 문해과정의 기계적인 개념을 거부한다. 그 대신에 교육자와 학습자 사이의 진정한 대화에 근간한 이론과 실천을 옹호한다. 프레이리의 관점에서 본다면 이러한 대화는 학습자의 존재 상황을 중심에 놓는다. 또한 대화는 학습자를 문해력 습득뿐만 아니라 이 보다 중요한, 현실을 변화시킬 수 있는 인간 존재로서의 권리에 대한 자각으로 이끈다. 문해 상태가 된다는 것은 문자로 표현된 음성 체계의 표상을 해독하는 법을 학습하는 일 그 이상을 의미한다. 문해과정은 진정한 앎의 행위이다. 그리고 이를 통해 인간은 자신이 살고 있는 세계를 비판적으로 볼 수 있게 되고, 그 세계를 성찰할 수 있게 되며, 그 성찰에 따라 행동할 수 있게 된다.

모든 교육실천은
인간과 세계에 대한 개념을 담고 있다

경험상 확실한 것은 없다. 따라서 확인할 수 있는 사실에서 시작해보자. 모든 교육실천은 교육자의 역할에 대한 특정한 이론적 입장을 담고 있다. 이러한 입장은 어떨 때는 선명하게, 또 어떨 때는 은밀하게 인간과 세계에 대한 특정 해석을 담고 있다. 언제나 그렇다. 인간은 동물처럼 감각으로만 세계에 적응하지 않는다. 인간에게는 사고-언어thought-language가 있다. 즉 인간은 프락시스praxis를 통해 앎의 행위act of knowing를 할 수 있다. 그리고 앎의 행위를 통해 인간은 현실을 변화시킨다. 인간이 세계에 적응하는 일은 완전히 주관적인 사건이 아니다. 또한 완전히 객관적이거나 기계적인 일도 아니다. 여기에 주관성과 객관성이 결합되어 있다. 이렇게 본다면 세계 적응을 통해 인간은 현실에 관한 비판적인 자각의 수준에서 행동 목적에 관한 질문을 얻게 된다.

동물이 세계에 적응하는 일은 환경 적응을 의미한다. 반면 인간은 세계 변화를 통해 세계를 인간화함으로써 세계에 적응한다. 동물이 세계에 적응할 때에는 역사적인 감각도, 선택지도, 가치도 없다. 반면 인간에게는 역사의 차원, 가치의 차원이 있다. 인간은 본능적이기만 한 동물과는 달리 '기획'의 감각을 가지고 있다.

목적이 없는 인간 행위는 프락시스의 과정이 아니다. 그 행위가 세계 적응을 위한 것이든, 목적이 옳든 그르든, 신화적이든 탈신화적이든, 순진하든 비판적이든 말이다. 그리고 프락시스의 과정이 아닌 행위는 과정과 목적 모두를 망각한 행위이다. 과정과 목적에 대한 인식의 상호작용은 행동 기획의 기초가 된다. 그리고 이 기획은 방법, 목표, 가치 선택지들을 담고 있다.

우리는 이런 관점에서 성인의 읽기와 쓰기 교수를 살펴보고 분석하고 이해해야 한다. 비판적 분석가라면 교육자와 학습자가 사용하고 있는 방법과 교재 안에서 세련되든 거칠든 정합적이든 비정합적이든 인간 철학을 배반하는 실천 가치들을 발견하게 될 것이다. 맑스가 '극단으로 유물론적'grossly materialistic이라고 불렀던 기계적 정신을 갖고 있는 사람만이 성인 문해학습을 순수한 기계적 행동으로 환원할지도 모른다. 이러한 순진한 접근으로는 세계에 적응하기 위한 인간의 도구인 기술 자체가 중립적이지 않다는 사실을 간파할 수 없다.

그러면 이런 우리의 주장을 증명해보자. 성인 문해교육 기본 교재들을 먼저 살펴보자. 좋은 교재인지 나쁜 교재인지 보려면 어떤 기준으로 각 장을 나누었는가를 보면 된다. 흔한 일은 아니지만 학습자들과 최대한 공명할 수 있는 지식을 담은 생성단어generative words[1]로 교재를 구성했을 때 좋은 교재라 할 수 있다.

이런 교재의 저자는 자기 서재에서 고른 단어로 교재를 구성한 다른 저자들을 넘어선다. 그러나 근본적인

---

1 포르투갈어 또는 스페인어와 같은 언어에서 단어는 음절로 구성된다. 따라서, 단어는 분해될 수 있는 음절로 구성되어 있기에 모든 복음절 단어는 기술적으로 생성적이다. 그러나 단어가 생성적이려면, 특정 조건을 갖춰야 한다. 이에 대해서는 이 논문 뒷부분에서 다룰 예정이다. 발음 수준에서 생성단어는 음절 읽기 방법론에만 적용 할 수 있다. 그러나 생성단어의 주제별 적용은 보편적이다. 주제 수준에서 생성단어 적용 사례를 보려면 Sylvia Ashton-Warner 의 『교사, *Teacher*』(1963; rpt. London : Virago, 1980)를 참조할 것. - 편집자

교재 구성 방식에서는 이 두 저자 모두 비슷할 수 있다. 두 경우 모두 주어진 생성단어를 분해해서 얻은 음절을 가지고 새로운 단어를 만들 수 있다. 이런 단어로 간단한 문장을 만들고 읽기 단원의 짧은 문장과 이야기를 만들 수 있다.

그러나 두 번째 유형의 저자는 한 단계 더 나아간다. 이들은 교사와 학습자가 단어, 문장, 교재에 대해 토론할 수 있는 교재를 만든다.

이 두 경우를 볼 때 저자가 알고 있든 모르고 있든, 문해교재의 방법과 내용에는 언제나 특정한 인간관이 깃들어 있다. 이런 인간관은 다양한 각도에서 재구성될 수 있다. 문해교재는 단어를 선택해서 제공하는 교사들의 생각을 담고 있다. 교재는 교사와 학습자 사이를 잇는 매개물이며 학습자는 교사가 선택한 단어들로 '채워지는' 존재라고 한다면, 어떤 인간 이미지가 여기에 중요하게 깃들어 있는지는 쉽게 알 수 있다. 여기에서 인간의 의식은 알기 위해 '채워지고' '먹여지는' '공간'이 된다. "아는 것은 먹는 것과 같다."라는 입장을 비판한 사르트르Sartre의 "오, 영양가 넘치는 철학이여! *O philosophie alimentaire*!"라는 말과 일맥상통한다.[2]

　이러한 지식에 대한 '영양학적' 관점은, 현대 교육실천에서 매우 일반적인데, 문해교재에 분명하게 담겨 있다.[3] 비문해자들은 '영양실조' 상태라고 간주되는데, 문자 그대로 이들이 정말 그렇다는 게 아니라 '영혼'의 식량이 부족하다는 의미에서 그렇다. 지식을 식량과 동일시함으로써 비문해는 '독초'여서 읽거나 쓸 수 없는 사람을 중독에 이르게 하고 쇠약하게 만든다고 간주된다. 따라서 많은 사람들은 그 병을 고치기 위해서 비문해를 '퇴치'해야 한다고 말한다.[4] 이렇게 인간의 언어-사고를 구성하는 언어 기호의 특성을 간과함으로써, 단어는 단순한 '어휘의 더미들', 즉 비문해자들이 '먹고', '소화하

2　Jean Paul Sartre, *Situations I* (Paris: Librairie Galliamard, 1974), p. 31
3　지식에 대한 영양학적 개념은 강의로만 이루어지는 수업, 즉 "통제된 읽기"에서 비롯된다; 언어학습에서 대화 암기법 활용, 어떤 장, 어떤 줄, 어떤 단어를 읽어야하는지 까지 알려주는 서지학적 주석의 활용, 학생들의 읽기 성취 수준을 평가하는 방법.
4　Paulo Freire의 "La alfabetización de adultos, crítica de su visión ingenua; comprensión de su visión crítica," in *Introducción a la Acción Cultural*(Santiago: ICIRA, 1969) 참조

는' 영혼의 식량 정도로 변질된다.

    지식에 대한 이러한 '영양학적' 관점은 또한 라틴아메리카 문해교육 캠페인의 인본주의적 특성을 설명해 준다. 만약 수백만의 사람들이 비문해 상태, 즉 '글자에 굶주려 있고', '단어들에 목말라 있다면', 이들의 '허기'와 '갈증'을 풀어주기 위해 단어를 그들에게 가져다주어야 한다. 문해교재에 분명히 드러난, 의식에 대한 자연주의적naturalistic 관점에[5] 따르면, 단어는 학습자의 창조적 노력의 산물이 아니라 '적립되어야' 하는 것이다. 이런 관점에서 인간은 수동적 존재이며 읽기 쓰기 학습 과정의 객체이다. 학습의 주체가 되지 못한다. 객체로서 학습자의 임무는 이른바 읽기 단원을 '공부'하는 것이다. 그런데 이런 단원은 학습자의 삶과는 너무 거리가 멀다. 설령 관계가 있다고 하더라도 학습자의 사회문화적 현실

---

5 [역주] 여기에서 말하는 의식에 대한 자연주의(naturalism) 관점이란 의식의 문제를 물리 법칙으로 설명하는 입장을 말한다. 사회학에서는 사회 현상을 자연과학적 법칙성으로 설명하하는 실증주의 관점이 이런 자연주의에 해당된다. 따라서 인간의 내적인 선한 본성으로 교육 문제를 설명하고자 했던 루소(Rousseau)의 자연주의 교육관과는 구별된다.

과의 관계는 매우 제한적이다.[6]

라틴아메리카의 농촌과 도시에서 사적으로나 공적으로 사용되었던 읽기 교재를 분석하는 일은 정말로 흥미로울 것이다. 여기에서 다음과 같은 문장을 찾아내는 일은 어렵지 않다.[7]

A asa é da ave – "날개는 새의 것이다"

Eva viu a uva – "에바는 포도를 보았다"

O galo canta – "닭이 운다"

O cachorra laära – "개가 짖는다"

---

6 교재들 사이에서 주목할 만한 두 가지 예외적인 경우가 있다. 1) 브라질의 Viver e Lutar. 이 책은 National Conference of Bishop이 후원한 기초교육운동(Basic Education Movement)의 전문가팀이 개발하였다 (1963년 Guanabara, Carlos Lacerda 정권이 금서로 지정하면서 이 책을 읽는 독자는 논란의 대상이 되었다). 2) 몇 가지 작은 문제가 있기는 하지만 칠레의 ESPIGA 전집. 이 책은 교육부(Public Education Ministry)의 '특별 리더십 성인교육계획(Jefatura Planes Extraordinarios de Educación de Adultos의 Jefatura) 하에 기획되었다.

7 이 논문이 작성될 당시, 저자는 교재를 볼 수 없었다. 또한 정확한 인용도 어려웠고 저자에 대한 혼동도 있었다. 따라서 교재의 저자나 제목을 확인하기는 불가능하다고 생각했다.

Maria gosta dos animais – "메리는 동물을 좋아한다"

João cuida das arvores – "존은 나무를 돌본다"

O Pai de carlinhosse chama Antonio. Carlinhos é um bom menino, bem comportado e estudioso – "카를레스 아버지 이름은 안토니오이다. 카를레스는 착하고, 행동이 바르고, 공부도 열심히 하는 소년이다."

Ada deu o dedo ao urubu? Duvido, Ada deu o dedo arara ...[8] *Se você trabalha com martelo e prego, tenha cuidado Para nao furar o dedo* – "못질을 할 때 손가락을 내려치지 않도록 조심해라"[9]

―――

피터Peter는 읽는 법을 몰랐다. 피터는 부끄러움이 많았다. 어느 날 피터는 학교에 가서 저녁 반에 등록하

---

8 [포르투갈어이기 때문에 여기에 자음 "d"를 강조하는 일은 불필요하다 – 편집자]

9 저자는 여기에 "그러나 만약 손가락을 때리면, 빨간약을 발라라"라고 덧붙인다.

였다. 피터의 선생님은 매우 좋았다. 피터는 지금 읽고 쓰는 법을 알고 있다. 피터의 얼굴을 봐라. [이 단원에는 보통 삽화가 있다]. 피터는 웃고 있다. 그는 행복한 사람이다. 그는 벌써 좋은 직업을 얻었다. 모든 사람을 피터를 본받고 따라야 한다.

읽을 줄 알기에 피터가 웃고 있다고 말한다. 좋은 직업을 얻었기에 그가 행복하다고 말한다. 피터는 모든 사람이 따를만한 모범이라고 말한다. 이렇게 말함으로써 저자는 사실상 서로 관계없는, 읽기와 좋은 직업을 얻는 일을 연결하고 있다. 이런 순진한 생각으로는 비문해의 원인이 되는 사회구조뿐만 아니라 일반적인 사회 현상도 간파할 수 없다. 사회 현상을 자각할 수는 있다고 하더라도 사회 현상이 사회구조와 어떤 관계를 맺고 있는지는 알아차릴 수 없다. 사회 현상은 구체적 현실과 동떨어진 신비로운 일이거나 특정 계급의 내적 열등감의 산물인양 간주된다. 비문해는 저개발국과 직접적으로 관련된 '침묵의 문화'를 전형적으로 보여준다. 이 사실을 이해할 수 없다면 비문해 문제에 대한 객관적이고 비판적인 해법을 찾을 수 없다. 읽고 쓰는 법을 가르치는 일만으로는 기적이 일어나지는 않는다. 일자리는 충분하지 않은데 더 많은 사람을 가르친다고 해서 일자리가 생기는 것은 아니다.

서로 관련은 없지만 연이어 나오는 다음의 두 글에서도 마찬가지의 상황이 벌어진다. 첫 번째 글은 노동자들의 투쟁을 기념하는 5월 1일 노동절에 대한 것이다. 그러나 어떤 투쟁이 언제 있었는지, 역사적 의미는 무엇인지에 대해서는 나오지 않는다. 두 번째 글은 휴일에 대한 것이다. "휴일에 사람들은 해변에 가서 수영도 하고 썬텐을 해야 한다..."라고 쓰여 있다. 따라서 5월 1일은 휴일이고, 따라서 자신들의 문제를 토론하기 위해 노동조합과 함께 광장에 나오는 대신에, 해변에 가서 수영을 해야 한다는 결론에 이른다.

이런 교재 분석을 통해 우리는 인간, 세계, 인간과 세계 사이의 관계, 이런 세계에서 전개되는 문해과정에 대한 명쾌한 시각을 찾을 수 있다.

'날개는 새의 것이다', '에바는 포도를 보았다', '닭이 운다', '개가 짖는다'라는 말을 기계적으로 암기하고 반복하기만 할 경우, 역동적인 현실과의 상호작용 안에 들어 있는 진정한 의미의 사고-언어 차원이 사라진다. 이 때문에 이런 문장들은 세계에 대한 진실한 표현이라 할 수 없다.

이런 교재의 저자들은 빈민 계층의 능력을 인정하지 않는다. 세계 인식을 바탕으로 자신의 사고-언어를 표현하는 글이 어떤 것인지 알 수 있을 뿐만 아니라 그런 글을 창조할 수 있는 능력 말이다. 저자들은 자기 단어로 채운 글을 반복한다. 다시 말해 저자들은 학습자의 의식에 글을 주입한다. 마치 학습자의 의식이 텅 빈 공간인 양... 한 번 더 말하지만, 지식에 대한 '영양학적' 관점에서 말이다.

또한 이런 교재들은 비문해자를 주변인으로 다루는 오류를 범하고 있다.[10] 이들이 주변인이라고 생각하는 사람들은 물리적 공간에서뿐만 아니라 역사, 사회, 문

---

10 [여기에서 '주변인'(marginal man)'은 'maginado'라는 포르투갈 단어를 번역한 것이다. 이 단어는 수동적 의미를 갖는다. 이 단어는 사회 경계에 존재한다는 의미와 함께 주변화되었거나 사회 밖으로 쫓겨났다는 의미도 갖는다-원번역자주]

화, 경제적 현실에서, 즉 현실의 구조적 차원에서 그렇게 본다. 이런 식으로 비문해자들은 어떤 것의 '밖에 있는' '주변적인' 존재로 인식된다. 무(無)에서 주변화되는 것은 불가능하기 때문이다. 아웃사이더가 되고 주변인이 된다는 것은 누군가가 중심부에서 주변부로 이동하였다는 것을 의미한다. 이런 이동이 이루어졌다면 그 이유가 있기 마련이다. 누군가가 구조적 현실에서 '벗어나거나' '주변화되었다'는 게 사실이라면 다음과 같은 질문할 수 있다. 구조 중심에서 주변으로의 이동하기로 결정한 사람은 누구인가? 이른바 주변인들, 그중에서도 비문해자들이 사회 주변부로 이동하는 것을 결정한 것은 누구인가? 주변인 스스로가 주변성과 관련된 모든 것들(기아, 질병, 구루병, 고통, 지적 장애, 비참한 생활, 난혼, 절망 등) 중에서 선택한 것인가? 그러나 브라질인의 40%, 아이티인의 90%, 볼리비아인의 60%, 페루인의 40%, 멕시코와 베네수엘라인의 30%, 과테말라인의 70%가 비문해라는 주변성을 *선택*했다고 보기는 어렵다.[11] 주변인이 주변성

11   *La Situación Educativa en América Latina, Cuadro* No. 20 (Paris:

을 스스로 선택한 것이 아니다. 주변인은 사회 시스템에서 쫓겨난 것이고 폭력의 대상이 된 것이다.

그러나 사실, 사회구조가 주변인을 '추방'하는 것은 아니다. 주변인들이 '(사회) 밖에 존재하는 것'도 아니다. 오히려 이들은 사회 구조 '안에 존재하며', 소위 자율적 존재, 즉 진정한 인간, 대자적 존재being for themselves[12]라고 불리는 사람들과 의존적 관계를 맺고 있다.

덜 엄격하고, 더 단순하며, 덜 비판적이고, 더 기술주의적인 사람들은 비문해 문제와 성인 문해교육처럼 중요해 보이지도 않는 일에 신경 쓰는 일은 불필요하다고 말할지도 모른다. 주변성에 대한 논의조차도 학술적 가치가 없다고 볼 수도 있다. 하지만 그렇지 않다. 비문해자는 사회 외곽에 존재하는 사람이라고 여기게 되면 우

UNESCO,1960), p. 265.

12 [역주] 헤겔Hegel은 인간을 즉자적 존재(卽自的 存在, being in oneself)와 대자적 존재(對自的 存在, being for oneself)로 구분하여, 즉자적 존재는 본능적이며, 자기 반성적이지 못하고, 타자와의 관계에 한계가 있는 고립적 존재로, 대자적 존재는 즉자적 존재와는 달리 자기 자신을 대상화할 수 있고 반성적으로 성찰할 수 있는 높은 수준의 이성을 지닌 존재로 본다.

리는 이들을 '병자'로, 문해는 이들을 치료하는 '약'으로, 그리고 이들을 격려한 '건강한' 사회구조로 다시 '돌려보낼' 수 있다고 생각하게 된다. 교육자는 여기에서 자비로운 상담가가 될 것이다. 행복한 삶을 져버린 불행한 비문해자를 위해 도시에서 변두리를 지워버리고 이들에게 글자를 선사함으로써 버림받았던 행복의 품으로 이들을 되돌려 보내는 그런 존재.

이런 개념의 문해 프로그램은 너무나도 광범위하게 확산되었는데 결코 자유를 향한 노력이 될 수 없다. 이런 프로그램들은 결코 목소리를 낼 권리(비문해자뿐만 아니라 의존적 관계에서 대상화되어 버린 모든 사람들의 권리)를 인간에게서 앗아간 현실에 대해 질문하지 않는다. 이런 사람들은 비문해자이든 아니든 실제로는 주변적이지 않다. 반복해서 말하자면, 이들은 '밖에 있는 존재'beings outside of가 아니다. 이들은 '대타적 존재'beings for another[13]이다.

---

13 [역주] 대타적 존재(對自的 存在, being for another) 또한 헤겔의 개념으로서 타자와의 교섭을 통해 자립성을 상실한 존재를 뜻한다. 헤겔은 변증법적 과정을 통해 즉자적 상태에서 대타적 상태로 그리고 대자적 상태로 이르는 것을 발전적 상태로 보았다. 프레이리는 억압받고 있는 민중

따라서 이들이 갖고 있는 문제의 해법이 '안에 있는 존재'beings inside of가 되도록 하는 것이 아니다. 자기 자신을 자유롭게 해야 한다. 현실 속에서 이들은 사회의 주변적 존재가 아니라 그 사회 안에서 억압 받고 있는 존재이기 때문이다. 이들을 소외시키고 종속시킨 바로 그 사회 구조 안으로 '통합'된다는 식으로 자신들이 처한 종속성을 극복할 수는 없다. 자기 자신 뿐만 아니라 모두를 위해서 비인간화된 사회 구조의 진정한 변혁 외에는 인간화를 위한 다른 길은 없다.

이런 관점에서 비문해자는 사회 경계에서 살고 있는 주변인이 아니다. 이들은 의식적이든 무의식적이든 같은 사회 안에 살면서 자신을 물건 취급하는 사람들과 맞서고 있는, 억압받고 있는 계층사회를 대표하는 사람들이다. 따라서 읽고 쓰기를 가르치는 일 또한 더는 사람들의 삶과 단절된 의미 없는 단어를 *바,베,비,보,부 식*으로 암기하도록 하는 일이 아니다. 읽고 쓰기를 가르치는 일은 세계에 이름을 붙이기를 통해 이루어지는 힘겨운 도

의 존재 상태를 대타적 존재라 칭하고 있다.

제 과정과도 같다.[14]

비문해자를 사회의 주변인으로 해석할 경우 문해과정은 현실의 신화화를 강화한다. 현실의 진실을 가려버리고, 학습자를 소외시키는 수많은 단어와 문장들로 학습자의 '텅 빈 의식'을 흐려 놓으면서 말이다. 반대로, 비문해자들은 체제 내에서 억압받고 있는 존재로 해석할 경우, 문해과정은 자유를 위한 문화행동cultural action for freedom, 즉 앎의 행위가 된다. 여기에서 학습자는 교육자와의 대화에서 앎의 주체로서 역할을 수행한다. 바로 이런 이유 때문에 현실을 탈신비화하려는 노력, 즉 현실 속에 침잠하고 있었던 사람들이 비판적 각성을 통해 다시 현실 속으로 재진입 하기 위해 세상에 나서려는 노력은 용기 있는 도전이다.

따라서 교육자는 언제나 자신의 행위 경로를 밝히는 노력을 해야 한다. 의식적인 지식 없이 이루어진 행위여

---

14 [여기에서 프레이리는 읽기 쓰기 학습이 해독 기술의 기계적 습득만을 의미하지 않는다는 점을 탈매락화된 'family'라는 음절을 예로 들며 강조한다. 'families'라는 음절은 포르투갈과 스페인어에서 종종 음절어로 활용된다-편집자 주]

도 말이다. 이것이 교육자가 행위 주체의 한 명으로서 진정한 역할을 수행하고 그 과정에서 일관성을 유지할 수 있는 유일한 방법이다.

앎의 행위로서 성인 문해과정

앎의 행위가 되기 위하여 교사와 학습자는 문해과정에서 진정한 대화 관계를 맺어야 한다. 주체들은 진정한 대화를 통해 앎의 대상을 통합적으로 인식하게 된다.

읽기 쓰기 학습이 앎의 행위가 되기 위해서 학습자들은 처음부터 창조적 주체가 되어야 한다. 주어진 음절, 단어, 어구를 암기하고 반복하는 것이 아니라 읽기, 쓰기 과정과 언어의 심층적 의미를 비판적으로 성찰해야 한다.

언어와 사고는 분리될 수 없다. 또한 언어와 사고는 그것이 가리키는 세계와도 분리될 수 없다. 따라서 인간의 단어는 단순한 어휘 이상을 의미한다. 이는 단어 – 행동word-action의 문제이다. 문해과정의 인지적 차원은 인간과 인간 세계 사이의 관계를 포함한다. 이런 관계를 바탕으로 세계를 변혁하는 과정에서 인간이 성취한 성과와 그 성과가 다시 인간에게 부여한 조건화 사이의 변증법적 관계가 이루어진다.

인간에게 읽기와 쓰기 학습은 *말하기*speaking the word 의 실제 의미를 알 수 있는 기회여야 한다: 인간의 행동은 성찰과 실천을 모두 포함한다. 따라서 읽기와 쓰기 학습은 인간의 원초적인 권리이다. 소수의 특권이 아니다[15]. 말하기는 자기 표현이자 세계에 대한 표현, 창조와 재창조, 역사 과정의 결정과 선택 그리고 궁극적으로 참여의 권리와 동시에 연결되어야 한다.

침묵의 문화 안에서 대중은 '조용'하다. 다시 말해 대중들이 자기가 살고 있는 사회를 변혁하는 과정에 창조적으로 참여하는 일은 금지된다. 존재 자체를 거부당하는 것이다. 인도주의적인(인본주의적인 것이 아니라) 문해 캠페인 덕분에 우연히 읽고 쓰기 '가르침을 받았다고' 하더라도, 이들은 여전히 자신을 침묵하게 한 권력에서 소외되어 있다.

비문해자들은 자신들이 구체적인 인간이라는 것을 알고 있다. 이들은 자신들이 무언가를 하고 있다는 것을 알고 있다. 그러나 침묵의 문화 안에서 모호한 존재, 즉

---

15 Freire, "La alfabetización de adultos"

이중적 존재인 이들은 인간의 행동이 변혁적이고 창조적이며 재창조적이라는 사실을 모른다. 자신들이 '원래 열등하다'라는 신화와 침묵의 문화에 압도되어 이들은 세계에 대한 *자신의* 행동도 변화되고 있다는 사실을 모른다. 자신을 둘러싼 세계에 대한 '구조적 관점'을 갖는 것을 금지 당했기에 이들은 자신이 '목소리를 가질 수 없다'는 사실, 즉 자신이 살고 있는 사회를 사회 – 역사적으로 변화시키는 과정에 의식적으로 참여할 수 있는 권리를 행사할 수 없다는 사실을 모른다. 이런 일은 자신의 일이 아니라고 생각하기 때문이다.

프락시스 없이, 즉 성찰과 행동 없이 이 모든 것을 인식하기는 불가능하다고 말할 수 (그리고 동의할 수) 있을 것이다. 프락시스 없는 인식을 하다보면 극단적인 관념론에 빠질 수 있다. 그러나 대상 자체와 그 대상에 대한 인식을 모두 이해하기 위해서는 대상에 대한 행동도 비판적으로 분석해야 한다. 앎의 행위는 행동에 대해 성찰하고 새로운 행동으로 나아가는 변증법적 운동에 참여하는 일이다. 학습자가 새로운 것을 알기 위해서는 진정한 추상화의 과정에 참여해야 한다. 인간은 이를 통해 행동

- 대상action-object의 관계를 전체적으로 성찰할 수 있다. 또한 우리가 살아가는 세계의 질서를 성찰할 수 있다. 이런 추상화 과정에서는 학습자가 세계에 어떻게 적응하는지를 보여주는 상황들이 성찰의 소재로 제시된다.

따라서 문해과정은 학습자와 교육자 모두에게 비판적 성찰을 불러일으키는 사건이다. 문해과정은 *말하기*를 현실 변혁과, 그리고 이런 변혁을 위한 인간의 역할과 연결해야 하는 것이다. 진정한 해방을 원한다면 우리는 읽기와 쓰기 학습에서 이런 관계의 중요성을 반드시 인식해야 한다. 이런 인식을 통해 학습자는 문해됨 이상의 권리에 관한 것을 깨닫게 될 것이다. 궁극적으로 학습자들은 각자가 인간으로서 자기 목소리를 가질 권리를 갖고 있다는 사실을 깨닫게 될 것이다.

한편, 앎의 행위로서 읽기 쓰기 학습은 앎에 대한 이론뿐만 아니라 그 이론에 상응하는 방법을 담고 있다. 현실은 단순히 객관적 데이터, 즉 구체적 사실로만 되어 있지 않다. 현실은 이런 사실에 대한 인간의 인식이기도 하다. 또한 이런 주장은 겉으로 보이는 것처럼 주관론적이거나 관념론적인 주장도 아니다. 오히려 주체 – 객체의

통합이 깨질 때 주관론과 관념론이 작동한다.[16]

앎의 행위로서 성인 문해과정에는 서로 얽혀 있는 두 가지 맥락이 존재한다. 첫 번째는 학습자와 교육자가 동등하게 앎의 주체로 참여하는 순수한 대화의 맥락이다. 학계에서 다뤄지고 있는 대화의 이론적 맥락이 여기에 해당한다. 두 번째는 인간이 존재하는 실제의 구체적 사실의 맥락, 즉 사회적 현실이다.[17]

현실의 구체적 맥락에서 제시된 사실들은 이론적 맥락에서 비판적으로 분석된다. 이런 분석은 추상화의 과정을 통해 이루어지는데, 구체적 현실을 재현하는 추상화를 통해서 우리는 그 현실에 대한 지식을 찾는다. 이런 추상화 작업은 코드화codification[18], 또는 학습자의 실존

---

16 "관념론으로 빠지는 길에는 두 가지가 있다. 첫 번째 길에서 진실은 주관성 안에 녹아 버린다. 또 다른 길에서 모든 진실한 주관성은 객관성에 대한 관심 안에서 부정된다." Jean Paul Sartre, *Search for a Method,* trans. Hazel E. Barnes(New York: Vingage Books, 1968), p.33.

17 Karel Kosik, *Dialéctica de lo Concreto* (Mexico: Grijalbo, 1967) 참조

18 [또한 학습자의 중요한 구체적 현실(예를 들어 빈민가 거주)에 대한 이미지화 또는 이미지 그 자체를 의미한다. 이로써 학습자의 구체적 현실

상황에 대한 재현의 방법을 통해 이루어진다.

한편, 코드화는 구체적 현실과 (현실에 대한) 이론적 맥락 사이를 매개한다. 또한, 인식 대상으로서 코드화는 앎의 주체들, 즉 '행동-대상 전체'의 베일을 벗기기 위해 대화하는 교육자와 학습자 사이를 매개한다.

이런 유형의 언어 담론을 해석하고자하는 사람들은 그 담론이 순수한 그림의 형태라고 하더라도 [먼저] 그것을 '읽어야' 한다. 이는 촘스키Chomsky가 말한 '표층구조'와 '심층구조'와 관련된다.

코드화의 '표층구조'는 '행동 – 대상 전체'를 순수한 분류학적 형태로 보여준다. 탈코드화decodification[19]의 – 또는 읽기의 – 첫 번째 단계는 기술(記述)이다. 이 단계에서 '독자'(또는 기호 해독자)는 코드화된 것the codification을

은 교사-학습자 사이의 대화의 대상이 되고 생성적 단어 도입을 위한 맥락이 된다-편집자]

19 [탈코드화는 인쇄된 단어, 그림 또는 다른 '코드화 된 것'(the codification)들의 기술과 해석의 과정을 의미한다. 이렇게 탈코드화와 탈코드화하기(decodifying)는 해독(decoding), 또는 단어 인식과 구별된다 – 편집자]

구성하고 있는 범주 사이의 관계에 집중한다. 처음에는 표층구조에 집중하게 되지만, 곧 코드화된 상황을 문제시하게 된다. 이를 통해 학습자는 두 번째이면서 필수 단계인 탈코드화 단계로 이동하게 되는데 여기서 코드의 '심층'을 이해하게 된다. 코드의 '심층구조'를 이해함으로써, 학습자는 '표층'과 '심층'구조 사이의 통일성뿐만 아니라, '표층구조'에 나타난 범주 사이에 존재하는 변증법을 이해할 수 있게 된다.

이런 방법에서 코드는 처음에는 실제 사물을 재현한 사진이나 그림, 또는 학습자가 고안한 재현물의 형태를 띤다. 이런 재현물을 슬라이드로 보여주면, 학습자들은 기본적인 '앎의 행위'에 참여하게 된다. 학습자들도 앎의 대상과 거리를 획득하게 되는 것이다. 이런 거리두기 경험은 교육자들도 하게 되는데, 교육자와 학습자들은 이를 통해 서로를 매개하는 앎의 대상을 비판적으로 성찰할 수 있게 된다. 탈코드화의 목적은 '실제 맥락'에 있는 상황에 대한 학습자의 경험에서 출발하여 비판적 앎의 수준에 도달하는 것이다.

코드화된 재현물은 앎의 주체들 사이를 매개하는 인

식 대상인 반면 탈코드화 – 코드를 구성하는 요소들을 분해하는 일 – 는 앎의 주체가 코드 요소와 실제 상황이 보여주는 사실 사이의 관계 – 이전에는 자각하지 못했던 관계 – 를 지각하는 작업이다. 탈코드화는 개인들이 살아가고 있는 기존의 현실 차원을 재현한다. 그리고 이 차원은 개인들이 살아가고 있는 맥락과는 다른 맥락에서 분석을 위해 제시된다. 따라서 코드화는 실제 맥락에서의 삶을 이론적 맥락의 '대상'objectum으로 변형한다. 학습자는 이런저런 사실 정보를 획득하는 것이 아니라 코드로 재현된 자신의 실존 경험을 분석한다.

실존 경험은 총체적이다. 학습자들은 경험에 대한 관점을 취하고, 그 관점이 다른 관점과 맺는 내적 관계를 자각함으로써 분절된 시각을 총체적 시각으로 바꾼다. 지식론의 관점에서 본다면 실존 상황에 대한 코드화와 탈코드화 사이에 존재하는 역동으로 인해 학습자들은 이전에 자신이 '경탄했던'admiration[20] 현실을 계속 재

---

20   [역주] 데카르트Descartes는 경탄admiration을 인간이 갖고 있는 6가지 기본 정념 중에 첫 번째 정념으로 제시한다. 이때 경탄이란 새로운 것을 처음 접했을 때 나타나는 놀라움의 상태를 말한다.

구축하는 과정에 참여하게 된다. 우리는 여기에서 '경탄하기'라는 개념을 일반적으로 윤리적 또는 미학적 관점에서 쓰지는 않는다. 특수한 철학적 내포 개념 정도로 해두자.

'경탄하기'는 '내가 아닌 것'not-I을 객관화 하는 일이다. 경탄하기는 동물과 구별된 인간을 특징짓는 변증법적 과정이다. 경탄하기는 인간 언어의 창조적 차원과 연결된다. '경탄하기'는 인간이 '내가 아닌 것'을 이해하기 위해 그것과 마주한다는 것을 의미한다. 이 때문에 앎의 대상에 대해 '경탄하'지 않는 앎의 행위란 없다. 만약 앎의 행위가 역동적인 과정이고 – 어떤 지식도 완전하지 않다면 – 앎을 위해 인간은 대상에 대해 '경탄할'뿐만 아니라 이전에 자신이 '경탄했던' 것들에 대해서도 항상 '다시 경탄해야're-admiration한다. 우리가 이전에 '경탄했던' 것들에 대해서(늘 ~ 에 대한 경탄이다) '다시 경탄하게' 될 때, 우리는 자동적으로 '경탄 행위'와 '경탄 대상'에 대해 '경탄하게' 된다. 우리가 이전에 '경탄했을' 때 행했던 실수를 극복하기 위해서 말이다. 이러한 '다시 경탄하기'를 통해 우리는 이전의 지각을 자각한다.

학습자들은 자신의 실존적 상황에 대한 재현물을 탈코드화하고 이전의 지각들을 자각하는 과정에서 점진적으로, 머뭇거리면서, 주뼛거리면서, 자신이 현실에 대해 가지고 있었던 의견에 의심을 품고 더욱 비판적인 지식으로 그것을 대체한다.

피지배계급에 속한 집단에게 코드들, 즉 지배자들의 문화모델을 모방한 코드들(억압받은 사람들의 의식에 나타나는 자연스러운 경향일 텐데)을 보여준다고 가정해 보자.[21] 피지배자들은 아마도 자기 방어적으로 그 코드들의 진실을 부정할 것이다. 그러나 더 깊이 분석해 들어가면서 이들은 지배자들의 모델을 흉내내는 일이 지배자들의 모델을 내면화한 결과라는 사실을 깨닫게 될 것이다. 그리고 이런 일들이 피지배자들을 열등하게 느끼게 하는 지배자들의 '우월함'에 대한 신화에서 비롯되었다는 사실도 깨닫게 될 것이다. 사실, 단순한 분석을 통해서도 알

---

21 억압받은 의식에 대해서는 다음을 참조할 것. Frantz Fanon, *The Wretched of the Earth* (New York: Grove Press, 1968); Albert Memmi, *Colonizer and the Colonized* (New York: Orion Press, 1965); Paulo Freire, *Pedagogy of the Oppressed*(New York: Seabury Press, 1970).

수 있다. 실제로, 피지배계급들이 지배자들의 삶의 스타일을 재생산한 이유는 지배자들이 피지배자들과 '함께, 그 안에' 살고 있기 때문이다. 피지배자들은 지배자들과 거리를 두고 이들을 객관화할 때야만 이들을 쫓아낼 수 있다. 그때가 돼야 피지배자들은 지배자들을 자신들의 안티테제antihesis로 인식할 수 있다.[22]

그러나 지배 가치의 내면화는 개인적인 현상이자 사회문화적 현상이기에 문화가 문화를 부정하는 문화행동을 통해서 내면화된 가치의 추방이 이루어져야 한다. 다시 말해 인간 행동을 조건 짓는 내면화된 생산물로서 문화는 인간 지식의 대상이 되어야 한다. 인간 행동을 조건 짓는 문화 권력을 자각하기 위해서 말이다. 문화행동은 상부구조 수준에서 일어난다. 알뛰세르Althusser가 말한 '중층결정의 변증법'dialectic of overdetermination을 통해 이해할 수 있는 대목이다.[23] 이런 분석 방법의 도움을 받

---

22 파농Fanon의 『대지의 저주 받은 자들, *The Wretched of the Earth*』과 프레이리Freire의 『억압받은 사람들을 위한 교육학, *Pedagogy of the Oppressed*』 참조.

23 다음을 참조할 것. Louis Althusser, *Pour Marx* (Paris: Librairie

아 우리는 기계적 설명이나, 더 나쁜 경우인 기계적 행동에 빠지지 않을 수 있다. 이런 이해를 통해 사회 변혁이나 혁명 이후에도 남아 있을 수 있는 문화적 신화를 일소할 수 있다.

새로운 문화 창조가 필요할 때, 내면화된 문화적 '잔재'는 방해가 될 수 있다. 이런 잔재, 즉 신화들은 문화를 통해 추방되어야 한다. 서로 다른 단계에서 이루어지는 문화행동과 문화혁명이 이런 추방의 기능을 한다.

학습자들은 자신들의 문화적 현실에 관한 태도의 이면을 잘 살펴봐야 한다. 그럼으로써 문화적 현실과 새로운 방식으로 마주해야 한다. 이를 위해서 자신들이 이전에 '경탄했던' 것을 '다시 경탄하는' 일이 필수적이다. 학

François Maspero, 1965), Paulo Freire, *Annual Report: Activities for 1968, Agrarian Reform, Training and Research Institute ICIRA, Chile*, trans. John Dewitt(Cambridge, MA: Center for the Study of Development and Social Change, 1969; 등사판). [역주] 상부구조와 토대의 관계에서 경제결정론적인 관점을 갖고 있었던 맑스와는 달리 알뛰세르는 자본주의의 모순이 토대의 일방적 결정이 아니라 상부구조와 토대의 관계 속에서 '중층결정'되었고 이는 예외적인 것이 아니라 보편적 원리라고 보고 있다.

습자의 비판적 앎을 위한 능력은 – 단순한 의견을 넘어 – 자신이 그 안에서, 그리고 더불어 살아가는 역사, 문화 세계와의 관계를 드러내는 과정에서 성취된다.

인간-세계의 관계에 대한 비판적 지식이 프락시스 밖에 존재하는 언어적 지식으로 나타난다고 말하는 것은 아니다. 프락시스는 비판적 분석을 위해 코드화된 구체적 상황과 관계한다. '심층구조'에 있는 코드 분석을 통해, 그리고 이런 이유 때문에 이전의 프락시스는 재구성 되고 새롭고 전혀 다른 프락시스가 출현한다. 코드로 재현된 객관적 사실이 분석되는 이론적 맥락과 이러한 사실이 일어나는 구체적 맥락 사이의 관계는 실제적이어야 한다.

이런 교육은 현실 참여적이어야 한다. 즉, 객관적 사실을 제공하는 구체적 맥락에서 이런 사실이 깊이 있게 분석되는 이론적 맥락으로, 그리고 다시 새로운 프락시스로 실험이 이루어지는 구체적 맥락으로 되돌아오는 운동이 이루어져야 한다.

우리의 이러한 주장이 학습자들의 수준과 상관없이 학습자들이 홀로 인간의 인식과정을 재구축해야 한다는 관점을 옹호하는 것처럼 보일지도 모르겠다. 하지만 우리가 앎의 행위로 문해학습이나 교육을 생각할 때는, 대화를 통해서 획득되는 종합, 즉 교육자의 체계화된 앎의 행위와 학습자의 덜 체계화된 앎의 행위 사이의 종합을 옹호한다. 교사의 역할은 학습자가 자신의 현실에 대해 점점 더 많은 비판적 관점을 취하도록 돕기 위하여 코드화된 실존 상황에 대해 문제를 제기하는 것이다. 따라서 이런 철학을 품고 있는 교육자의 책무는 학습자가 기억해야 하는 정보를 전달하는 것을 자신의 소명으로 삼는 다른 교육자의 책무보다 위대하다. 정보 전달을 자신의 소명으로 삼는 교육자는 자기가 읽은 것을 단순 반복한다. 여기에서 잘못된 이해가 이루어지기도 한다. 이런 교육자에게 교육이란 앎의 행위가 아니기 때문이다.

반대로 그렇지 않은 교육자는 앎의 주체와 대면하고 있는 또 다른 앎의 주체이다. 이런 교육자는 단순한 암기자가 될 수 없다. 이런 교육자는 끊임없이 자신의 지식을 조정한다. 학습자로부터 지식을 끌어내면서 말이다. 그에게 교육이란 앎의 페다고지이다. 단순히 암기를 강조하는 교육자는 반(反) 대화적이다. 이런 교육자의 지식

전달 행위는 고칠 수 없다. 반대로 학습자과 함께 하는 앎의 행위를 경험한 교육자에게 대화는 앎의 행위의 출발점이다. 그러나 이런 교육자는 모든 대화 그 자체가 참된 지식을 보증해주지 않는다는 사실도 알고 있다.

지식 개념의 정의를 이미 주어진 것으로 보고 지식을 절대화하는 소크라테스Socrates식 주지주의는, 그것이 대화식이라고 하더라도 참다운 앎의 교육의 요소라고 할 수 없다. 플라톤Plato의 대화 이론은 소크라테크식 지식론을 넘어서는 데 실패했다. 플라톤은 인간의 인식능력을 지식의 필수 조건이라고 밝히고 있고 독사*doxa*에서 로고스*logos*[24]로 전환하는 과정을 통해서만 인간이 진리를 성취할 수 있다고 보고 있지만 말이다. 플라톤에게 인간의 인식 능력이란 세계와의 변증법적 관계를 잘 알고 있는지 여부를 의미하지 않는다. 플라톤은 인간이 원래 알았던 것을 태어날 때 망각했다고 본다. 따라서 안다는 것은 망각된 지식을 기억해 내거나 상기하는 일이다. 독

---

24 [역주] 여기에서 독사(doxa)는 주관적 의견을, 로고스(logos)는 이성적 추론과 근거에 기반을 둔 지식을 의미한다.

사와 로고스를 모두 이해하고 로고스로 독사를 극복하기 위해서는 세계와의 관계가 아니라 망각한 진리를 기억하고 회복하기 위해 노력해야 한다는 것이다.

현실의 구조를 설명하고 변증법적 관계를 찾기 위해서 앎의 주체는 현실에 과학적으로 접근해야 한다. 이를 통해 대화는 참지식의 도구가 될 수 있다. 따라서 안다는 것은 이미 알려진 것, 그러나 지금 망각한 것을 기억하는 것이 아니다. 또한 인간은 인간과 세계의 변증법적 관계와는 동떨어진, 즉 인간 세계에 대한 성찰 행위와는 동떨어진 지식을 통해 독사를 극복할 수 없다. 성인 문해과정이 앎의 행위가 되기 위해서 학습자는 끊임없이 실존 상황에 대한 문제제기 과정에 참여해야 한다. 이런 문제제기 과정에는 미래 학습자의 이른바 '최소 언어계'minimal linguistic universe에 대한 전문 교육자의 사전 연구를 통해 선택한 '생성단어'가 활용된다. (a) 실용적인 가치를 고려하여 이 단어들을 선별한다. 다시 말해 한 지역이나 같은 도시 또는 국가에서 통용되는 언어 코드를 가려낸다. 미국을 예로 들면 'soul'이라는 단어는 흑인 지역에서는 백인들이 갖지 못한 특별한 의미를 갖는다. (b) 또한 읽기 쓰기 학습에서 나타날 발음 난이도를 고려하여 선별한다. 처음에는 생성단어가 세 음절이 되는 게 중요하다. 음절별로 쪼개면, 각 음절은 하나의 음절군을 구성하는데, 학습자는 처음 본 단어를 가지고도 여러 음절 조합을 만들어볼 수 있다.

17개의 생성단어를 선별한 후 다음 단계에서는 학습자에게 익숙한 17개의 실존 상황을 코드화한다.[25] 그리고 나서 생성단어를 발음이 쉬운 순서부터 차례로 그 상황에 끼어 넣는다. 앞서 강조했던 것처럼, 이런 코드들은 앎의 주체, 즉 교육자-학습자, 학습자-교육자 사이를 매개하는 앎의 대상들이다. 이들의 앎의 행위는 이론적 맥락으로 기능하는 *문화토론집단*circulo de cultura 안에서 정교화된다.

브라질에서 우리는 학습자의 실존 상황과 그 안에 포함된 생성단어를 분석하기 이전에, 일반적으로 인간-

---

25 우리는 브라질, 다른 라틴아메리카 국가, 특히 칠레에서 성인들에게 스페인어나 포르투갈어 같이 분절어의 읽기 쓰기를 가르치는데 17 단어 이상이 필요하지 않다는 사실을 발견했다.

세계 관계를 코드화한 주제를 제시하였다.[26] 칠레에서는 칠레 교육자들의 제안에 따라 읽기 쓰기 학습과 함께 이 문제에 대한 토론이 이루어졌다. 여기에서 단어 학습을 하는 사람들은 자신이 존재하는 사회 구조를 비판적으로 분석하는 일에도 참여하게 된다. 예를 들어 브라질의 리오데자네이루Rio De Janeiro의 *favela*라는 단어와 칠레의 *callampa*[27]라는 단어는 그 나라의 빈민들의 사회적 경제적 문화적 현실을 재현한다. 이 단어들이 브라질과 칠레 빈민가 민중들에 대한 생성단어로 활용된다면 코드 역시 빈민가 상황을 재현해야 할 것이다.

빈민들은 소외되었고 사악하고 열등하다고 생각하는 사람이 많다. 그런 사람들은 빈민들과 빈민가 상황에 대해 토론해봐야 한다. 여기에는 잘못된 비난들도 많다. 신화적이고 상투적인 생각들을 바로 잡고 보다 과학적인 태도를 취하도록 할 수 있다. 비문해, 알콜 중독, 범죄,

---

26 Paulo Freire, *Educação como Prática da Liberdade* (Rio de Janeiro: Paz e Terra, 1967); Chilean edition (Santiago: ICIRA, 1969) 참조.

27 [역주] 두 단어 모두 '판자촌'이라는 뜻을 갖는다.

질병, 영아사망률, 학습결손, 비위생 등이 빈민들의 '열등한 본성' 때문이라고 말하는 것도 막을 수 있다. 결국에는 빈민들은 악한 사회구조 안에서 살고 있다는 사실을, 변해야하는 것은 바로 이런 구조라는 사실을 깨닫게 할 수 있다.

제3세계는 어느 지역보다 지배사회의 이런 잘못된 오해 때문에 고통을 겪고 있다. 지배사회는 제3세계를 악의 화신, 원시인, 악마, 죄와 나태의 화신이라고 본다. 따라서 지배사회인 자신들 없이는 상상할 수 없는 사회라고. '악마가 점령한' 제3세계를 '구원하고', '교육시키고' 자신들의 사회 기준에 따라 '사상을 교정하자'는 주장의 이면에는 이런 흑백논리가 숨어있다.

이런 사상 안에는 지배사회의 팽창주의적 관심이 녹아 있다. 이런 지배사회는 결국 제3세계와 동반자적 관계를 맺을 수 없다. 동반자적 관계란 서로의 차이와 상관없는 평등을 전제로 한다. 서로에게 적대적인 관계 속에서 동반자적 관계는 결코 성립될 수 없다.

따라서 지배사회에 의한 제3세계의 '구원'이란 지배를 의미할 뿐이다. 독립을 위한 제3세계의 열망은 다음과 같은 유토피아적인 전망을 담고 있다. 제3세계를 자유롭게 하는 일이 바로 지배사회를 구원하는 일이다.

이런 의미에서, 우리가 지켜내고자 하는 교육학은 – 제3세계에게서는 중요한 영역으로 간주되는데 – 그 자체로 유토피아적인 교육학이다. 이런 교육학은 희망으로 가득 차 있다. 그러나 유토피아적이라고 해서 이상주의적이기만 한 것은 아니다. 실현 불가능하다는 의미도 아니다. 유토피아적이라는 말은 폭로*denunciation*와 선포*annunciation*에 참여하는 일을 뜻하기도 한다. 우리의 교육학은 인간과 세계에 대한 전망 없이는 작동할 수 없다. 우리의 교육학은 과학적이고 인본주의적인 이론을 정식화한다. 그리고 이 이론은 교사와 학습자가 함께 참여하는 대화적 프락시스, 즉 교사와 학습자가 비인간화된 세계 분석을 통해서 비인간적인 세계를 폭로하고 인간 해방의 이름으로 세계 변혁을 선포하는 그런 프락시스 안에서 구성이 된다.

이런 이유 때문에 유토피아적 교육학에서 폭로와 선포는 공허한 말이 아니라 역사적 약속이다. 비인간적인 현실에 대한 폭로를 위해서 그런 현실에 대한 정확하고 과학적인 이해가 필요하다. 마찬가지로 현실 변혁을 선포하기 위해서 변화를 위한 행동에 대한 이론도 필요하다. 그러나 폭로된 세계가 바로 변혁되고 선포된 세계가 성취되는 것은 아니다. 특정한 역사 시기가 되면, 선포되었던 현실은 폭로와 선포 행위 안에 이미 등장한다.[28]

우리의 교육 이론theory과 실천practice의 유토피아적 성격이 영속적인 이유가 여기에 있다. 문화행동으로서 교육도 영속적인 것처럼 말이다. 현재의 폭로된 현실이 그런 폭로 안에서 선포된 현실에게 미래의 자리를 양도한다고 해도 폭로와 선포를 향한 교육의 추진력은 소진될 수 없다. 교육이 더 이상 유토피아적이지 않다면, 다시 말해 교육이 더 이상 폭로와 선포의 극적인 결합을 담아내지 못한다면 미래가 더는 인간을 위한 것이 아니기 때문이다. 또는 결국 낡은 것이 될 현재에 대한 창조적 극복으로서 미래의 삶을 무릅쓰는 일을 인간은 두려워하기 때문이다.

---

28 폭로와 선포의 유토피아적인 의미에 대해서는 Lescek Kolakowsi의 *Toward a Maxist Humanism*(New York: Grove Press, 1969)를 참조할 것.

설명을 덧붙일수록 이런 사실은 자명해진다. 오늘날 미래를 '길들이기 위해서' 그리고 지키고 싶어 하는 현재와 그 미래를 연결하기 위해서 미래가 담고 있는 모든 가능성을 탐구하는 사람들이 존재하는 이유가 여기에 있다. 차가운 테크놀로지의 가면 아래 숨어 있을 수 있는 지배사회의 고통은 자신들의 지배적 지위가 미래에도 보존된다는 절망적인 결정론에서 비롯된 것이다. 제3세계가 지배사회에서 배울 수 있는 것은 다음과 같은 사실이다. 지배사회를 그대로 따라간다면 유토피아는 실현될 수 없다.[29]

우리는 이러한 교육 개념 – 유토피아적이면서도 매우 현실적인, 즉 현실을 폭로하고 이를 통해 폭로와 유토피아의 실현 사이에서 프락시스의 시간을 찾아내는 교육 개념 – 을 방어하고 있다. 역사적이고, 특히 인간의

---

29 "반혁명 집단은 유토피아를 필요로 하지 않는다. 그것의 본질은 유토피아가 아니라 사실이며 기존의 상황에 대한 긍정이다. 그렇지 않으면 한때 성취 되었던 국가로 되돌아가려는 욕망이다. 이런 권리는 실제 조건을 변경하지 않고 이상화하려고 애쓴다. 이때 필요한 것은 유토피아가 아닌 사기다." Kolakowksi, *Toward a Marxist Humanism*, pp. 71-72

존재 양식에 상응하는 교육을 공식화하려고 시도하고 있는 것이다.

모든 폭로는 새로운 선포를 동반한다. 마찬가지로 폭로 없는 선포는 없다. 폭로가 없다면 희망은 불가능하다. 그러나 진정한 유토피아적 전망에서 본다면, 희망하기란 방관과 기다림을 뜻하지 않는다. 희망으로 가득 찬 사람이 성찰적 행동을 통하여 폭로 안에서 잉태된 선포된 미래를 성취하려고 노력할 때, 기다림은 허용된다.

따라서 현재가 반복되는 미래를 만들고 싶어 하거나 미래를 이미 결정된 것이길 바라는 사람들에게 진정한 희망은 없다. 이들에게 역사는 '길들여진' 것이다: 현재가 되풀이되기를 원하는 사람은 시간이 멈추기를 원한다. 미래를 결정된 것으로 보는 사람은 이미 '알고 있는' 미래에 대한 확신을 가지고 있다. 반대로 유토피아적 희망은 위험으로 가득 찬 약속이다. 그래서 폭로하는 자를 비난하고 미래에 대한 선포 없이 현상을 유지하려는 지배자는 결코 유토피아적일 수 없다. 예언자도 될 수 없다.

문해교육과 문해후교육 수준에서 이와 같은 폭로와 선포의 유토피아적 교육학은 폭로된 현실에 대한 앎의 행위이자 문화행동이어야 할 것이다. 그렇기 때문에 코드화된 이미지에 나타난 학습자의 실존 상황을 계속해서 문제화해야 한다. 이런 문제화가 더 오래 진행되고 더 많은 주제가 문제화의 '핵심'이 될수록, 더 많은 본질이 폭로될 수 있다. 더 많은 폭로가 이루어질수록 의식의 각성은 깊어지며, 현실에 대한 빈민 계층의 '의식화'conscientization로 이어진다. 현실에 대한 비판적 자기 개입, 즉 이들의 의식화는 무관심의 상태를 실행 가능한 기획이라고 할 수 있는 유토피아적인 폭로와 선포의 상태로 변화시킨다.

그러나 의식화에 앞서 읽기와 쓰기 학습이 이루어진다고 생각해서는 안 된다. 반대도 마찬가지이다. 의식화는 문해과정 또는 문해후과정과 동시에 발생한다. 그렇게 되어야 한다. 우리의 교육방법에서 단어는 정적이지 않다. 인간의 실존 경험과 분리된 것도 아니다. 세계에 대한 사고-언어의 차원에서 그렇다. 그래서 실존 경험과 관련된 최초의 생성단어를 분석하는 데 비판적으로 참여하게 될 때, 그 분석 결과인 음절군에 초점을 맞추게 될 때, 그리고 언어의 음절 조합의 메커니즘을 인식하게 될 때, 학습자는 마침내 다양한 조합들 속에서 자신의 단어를 발견하게 된다. 조금씩 이러한 가능성이 커짐에 따라, 학습자는 새로운 생성단어를 숙달하게 된다. 그리고 학습자는 창조적인 상상력을 개발함으로써 표현력과 어휘력을 확장하게 된다.[30]

농민개혁이 진행 중이었던 칠레의 일부 지역에서 농민들이 문해 프로그램에 참여한 적이 있다. 이들은 자신이 일하고 있는 비포장도로에서 사용했던 공구를 문해 학습에 활용했고 자신들이 배웠던 음절 조합들로 단어를 구성했다. 농업개혁연구소Institute of Agricultural Reform에서 일하고 있었던 사회학자 마리아 에디 페레이라María Edi Ferreira는 "이 사람들은 단어의 파종자들이었어요."라고 말했다. 실제로 이들은 단어의 씨앗을 뿌렸을 뿐만 아니라 자신의 생각에 대해 토론하고 세상 속의 자

---

30 "언어가 창조적인 상상력의 기능뿐만 아니라 사고와 감정의 자유로운 확장을 위한 기본 수단을 제공하기 때문에, 언어 사용의 창조적 측면에 대한 연구들은 언어와 정신 과정이 사실상 동일하다는 가정을 발전시켰다." Noam *Chomsky, Cartesian Linguistics* (New York : Harper & Row, 1966), p. 31.

기 역할에 대한 이해를 심화하였다.

우리는 문해 수업의 첫 번째 단계를 마친 '단어의 파종자들' 중 한 사람에게 왜 농촌 개혁 이전에 읽고 쓰는 법을 배우지 않았는지 물어보았다.

"농업개혁 이전에 나는 생각조차 하지 않았습니다. 내 친구들도 마찬가지였어요."라고 그는 말했다.

"왜요?"라고 우리는 물었다.

그는 "불가능한 일이었기 때문이죠. 우리는 시키는 대로 살았어요. 할 수 있는 것은 그것뿐이었습니다."라고 힘주어 말했다.

이 농민의 대답은 '침묵의 문화'에 대한 매우 명쾌한 분석이다. 침묵의 문화 속에서는 생존하며 살 뿐이다. 몸에 내려진 명령을 수행한다. 금지된 단어를 말하고 생각하기는 어렵다.

이 자리에 있던 다른 사람이 말했다. "모든 토지가 대토지*latifundio*에 속해 있었을 때에는 읽고 쓸 이유가 없었거든요. 우리에게는 어떤 권한도 없었습니다. 지주는 명령을 내리고 우리는 순종했죠. 지금은 왜 읽고 쓰냐고요? 이제는 이야기가 달라졌어요. 예를 들어 볼게요. 아센따미엔도*asentamiento*[31]에서는 제가 다른 사람들처럼 내 작업뿐만 아니라 공구 수리에 대해서도 책임을 져야 해요. 처음에는 글을 몰랐지만 읽기와 쓰기가 필요하다는 걸 곧 깨닫게 되었습니다. 부품을 사러 산티아고Santiago에 가는 일이 얼마나 곤욕스러운 일인지 상상도 못하실 겁니다. 어찌할 바를 몰랐어요. 모든 게 두려웠거든요. 대도시도 무서웠어요. 물건을 잘못 살까봐, 사기를 당할까 두려웠어요. 지금은 모든 게 달라졌습니다."

이 농민이 비문해자일 때의 경험, 즉 세계에 대한 불신, 미신적인(비록 논리적이긴 하지만) 두려움, 소심함 등을 어떻게 묘사했는지 살펴보자. 그리고 그가 반복하여 말하는 "지금은 모든 게 달라졌습니다."라는 말의 의미도 살펴보자.

---

31 칠레의 농지개혁으로 토지분배가 이루어진 후에, 대토지(latifundio)의 임노동자였던 농민들은 3년 동안 농업개혁공사(Agrarian Reform Corporation)을 통해 정부로부터 다양한 지원을 받으면서 '농장주'(asentados)가 되었다. 이 기간 동안, '정착'(sentamiento)이 토지 분배보다 먼저 이루어진다. 이 정책은 현재 진행 중에 있다. 정착 정책은 농민들에게 즉각적인 토지 분배를 위해 폐지되고 있다. 그럼에도 불구하고 농민개혁공사는 농민을 도울 수 있는 일을 계속 할 것이다.

우리는 또 다른 '단어의 파종자들'에게 "처음 글자를 읽고 쓸 수 있었을 때 기분이 어땠어요?"라고 물어보았다.

그러자 그는 "내가 글을 쓸 수 있다니 행복했죠."라고 대답했다.

다리오 살라스Dario Salas[32]는 다음과 같이 보고한다. "농부와 대화를 나눌 때 이들이 글을 알게 된 기쁨과 만족감을 표현할 때 사용한 이미지에 충격을 받았다. 예를 들어 이들은 '우리 눈이 어두웠던 이유는 장막이 우리 앞을 가렸기 때문이에요.', '나는 이름 쓰는 법만 알고 있었습니다. 내 나이에 읽을 수 있을 것이라고는 상상도 못했죠.', '옛날에 편지는 작은 인형 같았어요. 지금은 편지가 나에게 말을 걸어요. 그리고 나도 편지에게 말할 수 있습니다.'라고 말하고 있었다"

살라스는 계속해서 밝힌다.[33] "자신에게 펼쳐진 글의

---

32 Dario Salas, "Algumas experiencias vividas na Supervisão de Educação lica," in *A alfabetizcáo funcional no Chile*. Report to UNESCO, November 1968; Introduction by Paulo Freire.

33 살라스 (Salas)는 교육부와 ICIRA와 긴밀한 협력 하에 칠레의 농업개혁공사 (Agrarian Reform Corporation)가 조직한 최고의 성인교육 프

세계를 보고 기뻐하는 농민들을 보면 감동적이다. 때로 농민들은 '우리는 너무 피곤해서 머리가 아프지만 글을 배우지 않고 돌아가고 싶지는 않아요'라고 말한다."

다음은 '생성 주제'generative theme[34]를 연구할 때 녹음한 내용이다. 비문해 학습자들이 코드화된 실존 상황을 탈코드화하고 있다.

당신은 한 집을 바라봅니다. 버려진 집인 것처럼 슬픈 마음으로. 집 안에 있는 아이를 보게 된다면 더 행복해지겠지요. 지나가는 사람들에게도 더 많은 기쁨과 평화를 줄 것입니다. 한 가장이 일에 지쳐서 근심 가득하고 씁쓸한 마음으로 집에 도착합니다. 이 때 어린 아들이 두 팔을 벌리고 힘차게 그를 향해 뛰어 옵니다. 가장은 아이들을 보자마자 벌써 행복해지기 시작

로그램 중 하나이다. 50 명의 농부들은 1 달 동안 교통비와 및 수업료를 지원 받는다. 코스는 마을, 지역 및 국가 상황에 대한 토론을 중심으로 이루어진다.

34 생성단어 연구의 목적과 방법론에 대한 분석은 이 논문의 범위를 벗어난다. 하지만 필자의 저서인 『억압받는 사람들을 위한 교육학, *Pedagogy of the Oppressed*』에서 다루고 있다.

합니다. 진정한 기쁨이 솟아납니다. 자신을 기쁘게 하려는 아들에게 감동합니다. 더 평화로워지고 자신의 문제를 잊어버립니다.

이 농민의 말에 담겨 있는 심오하고 우아한 간결한 표현에 한 번 더 주목해 보자. 이들은 '영양학적' 문해 개념을 지지하는 사람들이 보기에 완전히 무지한 사람들이다.

1968년 우루과이팀은 도시 거주자들을 위한 문해수업의 기록을 담은 작은 책, 『당신은 당신답게 산다, *You Live as You (Se Vive como se Puede)*』를 출판했다. 두 번째 판이 그랬던 것처럼 제3판도 몬테비데오Montevideo에서 15일 만에 매진되었다. 다음은 이 책에서 발췌 한 내용이다.

물빛

물? 물? 물은 어떨 때 쓰나요?
"예, 예, 우리는 (사진에서) 본 적이 있어요."
"오, 나의 고향 마을, 멀리 떨어져 있네..."

"그 마을을 기억하나요?"

"내가 자란 곳, 데드 프라이어Dead Friar ... 아시다시피, 거기서 자랐고, 어린 시절 여기저기 옮겨 다녔죠. 물빛이 좋은 추억, 아름다운 추억을 불러오네요."

"물은 어떨 때 쓰나요?"

"빨래할 때 쓰죠. 우리는 옷을 빨 때 물을 썼죠. 들짐승들은 물가에 가서 물을 마셨어요. 우린 거기서 미역도 감았고요.

"물을 마시기도 했죠?"

"네, 개울이 있었는데, 다른 데서는 물을 못 마셨어요. 거기에서 물을 마셨습니다. 나는 1945년 언제던가, 어딘가에서 메뚜기 떼가 몰려왔고, 우리는 물속에서 메뚜기들을 잡아야 했던 기억이 납니다 ... 나는 어렸지만, 두 손으로 이렇게 메뚜기들을 꺼내야 했어요 - 다른 건 없었어요. 그리고 가뭄이 들고 개울이 메말라서, 물이 뜨거웠던 기억도 나네요. 그때 물은 온갖 오물이 뒤섞여 있어 더러웠고 진흙투성이었고 뜨거웠습니다. 그러나 그 물을 마셔야 했어요. 안 그러면 목말라 죽었을테니까요."

전체적으로 이 책은 이처럼 유쾌한 스타일로 되어 있다. 여기에는 세계에 대한 저자들의 매우 강한 표현이 들어 있다. 여기서 저자들이란 바로 익명의 사람들, 즉 '침묵의 문화' 속에서 등장한 '단어의 파종자들'이다.

　그렇다. '에바는 포도를 보았습니다', '새의 날개', '못질 할 때는 손가락이 다치지 않도록 조심하세요.'라는 문장이 아니라 이런 글로 읽기 교재를 만들어야 한다. 주지주의적인 편견, 무엇보다도 계급적 편견 때문에 우리는 민중들이 자신의 교재를 쓸 수 없다고 생각한다. 또한 민중의 대화를 기록하는 일도 가치 없다고 생각하게 된다. 순진하고 근거 없는 생각이다. 앞에서 살펴본 '단어의 파종자들'의 말과 전문 저자들이 쓴 교재를 비교해 보고도 전문가 교재를 선택하는 사람은 감각이 없거나 과학적으로 무능한 것이다.

　단순하고 시적이며 자유로운 민중의 언어로 된 책을 상상해보자. 학제 간 팀이 진실한 대화의 정신으로 협력하여 만든 그런 책. 이런 팀의 역할은 책의 전문 분야를 문제적 용어로 상세하게 설명하는 것이다. 예를 들어, 언어 단원에서는 언어에 대한 학습자의 비판적 이해에 근거한 질문을 명료하게, 그러나 단순하지만은 않게 다루면 될 것이다. 성인 문해교육에서는 표현 능력 개발이 중요하다. 따라서 언어 단원에서는 어휘력 향상에서부터 의사소통에 관한 질문까지(또한 민중들이 주로 사용하는 동의어와 반의어 학습, 언어적 맥락에서의 단어 분석, 은유 사용 등도 포함하여) 학습자들이 토론할 수 있는 주제를 제시 하면 될 것이다. 다른 단원에서는 교재 내용을 사회학적으로 분석할 수 있는 방법을 제시해줄 수도 있다.

물론 이런 교재들은 단순한 기계적 읽기에만 사용되지는 않을 것이다. 기계적 읽기를 통해 독자는 결코 실제에 대해 이해할 수 없다. 이런 교육철학에 따라 교재들은 읽기 세미나에서 분석 대상이 될 것이다.

이 뿐만 아니다. 상급 학습자를 포함한 문해 학습자들은 바로 자기 동료들에 대해 읽고 토론하고 있다는 사실을 깨닫게 될 것이다.

이를 위해서는 민중에 대한 신뢰, 즉 민중과의 연대가 필요하다. 우리가 이미 말했듯이 유토피아적어야 한다.

문화행동과 의식화

이 책의 두 번째 장에서 파울로 프레이리는 의식화 과정을 자유를 위한 문화행동의 내적 과정이라고 설명한다. 그는 의식이 현실을 수동적으로 복사한다는 기계론적이고 행동주의적인 관점을 거부한다. 대신에 그는 인간 존재를 자신의 세계를 변혁하는 활동적인 주체로 보는 비판적 의식의 차원을 제안한다. 1970년대와 1980년대 라틴아메리카의 정치적 사회적 상황을 구체적으로 언급하면서 기존의 '침묵의 문화'를 깨기 위한 문화행동의 필요성을 논의한다.

세계 안에서 세계와 함께 하는 존재

이 시점에서 의식화 개념에 대한 분명하고 체계적인 분석을 해야 한다.[1]

　이러한 분석의 출발점은 세계 안에서 그리고 세계와 함께하는 존재로서 인간에 대한 비판적 이해여야 한다. 의식화의 기본 조건은 의식화의 주인이 주체(다시 말해, 의식하는 존재)여야 한다는 것이기 때문에, 교육과 마찬가지로 의식화는 인간만의 독특하면서도 독점적인 과정이다. 인간은 세계 안에 있는, 그리고 다른 사람들과 더불어 세계와 함께 하는 의식하는 존재이다. 인간만이 '열린' 존재로서 자신의 행동으로 세계를 변화시키는 동시에 창조적인 언어로 세계의 현실을 이해하고 표현하는 복잡한 작업을 성취할 수 있다.

1　[의식화는 수동적 존재가 아니라 앎의 주체로서 인간이 자신의 삶을 형성하는 사회 문화적 현실과 그 현실을 변화시킬 수 있는 능력에 대한 심화된 인식을 성취하는 과정을 의미한다. - 편집자]

사람들은 세계와 객관적인 거리를 취할 수 있기 때문에 세계와 함께하기 위한 필요조건을 충족시킬 수 있다. 인간이 스스로를 객체화하는 이런 객관화가 없다면 인간 자신과 세상에 대한 지식도 없이 세계 안에 갇힌 존재로 머물게 될 것이다.

　　인간과 달리 동물은 세계 안에 존재할 뿐이다. 자기 자신이나 세계를 객관화하지 못한 채 말이다. 동물은 시간 없는 삶을 산다. 정확히 말해 삶에 침잠하여 거기에서 벗어날 가능성도 없이 현실에 적응하고 순응하며 산다. 반대로, 이런 순응하는 삶을 끊고 세계 안에서의 단순한 삶을 넘어설 수 있는 인간은 자신이 만든 존재성을 동물적인 삶에 추가한다. 따라서 존재한다는 것은 스스로를 변혁하고, 생산하고, 결정하고, 창조하고, 의사소통할 수 있는 존재에 적합한 삶의 양식이다.

　　생존만을 위한 존재는 스스로를 성찰하고 세계 안에 살고 있는 자기 자신을 인식할 수 없다. 반면 실존적 주체는 존재 영역 안에서 자신의 삶을 성찰하고 세계와의 관계에 대해 의문을 제기한다. 인간의 존재 영역은 노동 영역, 역사 영역, 문화 영역, 가치 영역이다. 이 영역에서 인간은 결정론과 자유의지 사이의 변증법을 경험한다.

세계에 대한 순종을 끊어 버리지 않고 인식 대상으로서 세계에 대한 '경탄'으로 가득 찬 의식에서 깨어나지 않는다면, 인간은 결정된 존재일 뿐이며 해방에 관해 생각하는 것은 불가능할 것이다. 자기 자신의 운명이 결정되었다는 사실을 성찰할 수 있는 존재들만이 스스로 해방될 수 있다. 이들의 성찰은 모호하지만 어렴풋한 의식을 낳을 뿐만 아니라 결정된 현실에 깊은 변화를 일으킨다. 그러므로 현실에 대한 의식과 행동은 인간을 관계적 존재로 만드는 변혁 행위의 필수적인 구성 요소이다.[2] 인간만의 특성인 성찰성, 의도성, 시간성, 초월성[3]을 담

---

2 인간관계와 동물 접촉의 차이점에 대해서는 『자유의 실천으로서의 교육, *Educação como Prática da Liberdade*』(Rio de Janeiro Paz e Terra, 1967)을 참조할 것.

3 이러한 맥락에서의 초월성은 객관적 지형의 한계를 넘어서는 인간의 의식 능력을 의미한다. 이 '초월적 의도성'이 없다면, 한계를 넘어서는 의식은 불가능할 것이다. 예를 들어, 나는 내가 글을 쓰고 있는 테이블이 얼마나 나를 [물리적으로-역자] 한계 짓고 있는지 알고 있다. 이런 이유 때문에 나는 이런 한계를 [의식적으로-역자] 넘어설 수 있고, 내 주의를 한계에 집중할 수 있다.

고 있는 의식과 행동은 동물과 세계 사이에 이루어지는 단순한 접촉contacts과는 다르다. 동물에게 세계와의 접촉은 매우 중요하다. 그러나 동물은 경험을 통해 이루어지는 일련의 감각 이미지를 넘어서지 않는다. 동물은 단순하다. 동물은 목표를 정하지 않는다. 동물은 순간순간 몰입하며 살기에 시간에 구애받지도 않는다.

참여와 객관적인 거리, 대상으로서 현실 이해, 객관적 현실에 대한 인간 행동의 중요성 이해, 언어를 통한 대상에 대한 창의적인 의사소통, 한 가지 문제에 대한 다양한 대응 - 이러한 다양한 차원들은 세계와 인간관계의 비판적 성찰의 존재를 증명한다. 의식은 세계에 대한 인간의 객관화와 행동 사이의 변증법 속에서 형성된다. 그러나 의식은 단순한 물질적 현실의 반영이 아니다. 의식은 물질적 현실에 대한 성찰이기도 하다.[4]

---

4 "인간은 이성적 동물"이라고 아리스토텔레스가 말했다. 오늘날 더 정확히 말하면 인간은 성찰하는 동물이다. 인간의 의식이 확산적 의식에서 여기에 수렴적 의식을 더하는 방향으로 이동했다는 진화적 특성을 고려했을 때 더욱 그렇다. 인간은 인식하는 존재일 뿐만 아니라 자기 자신이 인식하고 있다는 것을 아는 존재이다. 의식을 갖는다는 것은 이런 두 가지

세계 없는 의식은 불가능하다. 따라서 세계 자체가 비판적 성찰의 대상이 되지 않는 세계도 불가능하다. 유아론적 관념론solipsistic idealism은 세계를 부정하기 때문에 인간과 세계를 설명할 수 없다. 마찬가지로, 기계론적 객관주의mechanistic objectivism는 인간을 부정하기 때문에 인간과 세계를 설명할 수 없다.

기계론적 객관주의에서 의식은 객관적 현실의 '복제'일 뿐이다. 유아론에서 세계는 의식의 변덕스러운 창조물일 뿐이다. 전자 경우, 의식은 현실이 부여하는 조건을 넘어설 수 없다. 후자의 경우, 의식이 현실을 '창조'하기 때문에 의식은 현실에 앞선다. 두 경우 모두 인간은 현실 변혁에 참여하지 않는다. 객관주의에서 현실의 복사 또는 '복제'인 의식은 현실 속에 있는 사물이다. 현실은 스스로 변화한다. 따라서 객관주의에서 인간의 현실 변혁은 불가능할 것이다.[5] 유아론적 관점에서도 마찬가

힘을 갖는다는 것이다 .... 우리는 그 차이의 근본적인 성격을 충분히 느낄 수 있는가? Pierre Teilhard de Chardin, *The Appearance of Man, trans. J. M. Cohen* (New York: Harper & Row, 1965), p. 224.

5   맑스Marx는 다음의 글에서 현실이 저절로 변화한다는 관점을 거부

지다. 가상적인 현실을 변화시킨다는 말 자체가 부조리하다. 유아론적 관점은 현실 변혁이라는 개념과 양립할 수 없다. 따라서 의식에 대한 두 관점에서 진정한 프락시스는 있을 수 없다. 프락시스는 객관-주관의 변증법이 유지되는 곳에서만 가능하다.[6]

행동주의behaviorism도 인간-세계 관계의 변증법을 포함하지 못한다. 기계적 행동주의mechanistic behaviorism는 인간을 기계로 간주하기 때문에 인간은 부정된다. 논리적 행동주의logistic behaviorism에서도 인간의 의식은 '단순한 추상'[7]에 지나지 않기에 인간은 부정된다. 의식화의 과정은 이러한 인간-세계 관계에 대한 잘못된 설명 틀

하였다. "Theses on Feuerbach (III)," Karl Marx, Selected Writings in *Sociology and Social Philosophy*, trans. T. B. Bottomore (New York: McGraw-Hill, 1964), pp. 67-68.

6 문화서클이 이루어지는 동안 인간과 세계의 관계에 대한 토론에서 한 칠레 농민은 "이제는 인간이 없는 세상이 없다는 것을 알게 되었다"라고 말했다. "인간 모두가 죽었는데, 나무와 동물, 새, 강, 별 등 이런 것들이 이 세계에 있을까요?"라고 교사가 묻자 농부는 "이것이 세계라고 말할 수 있는 사람이 아무도 없겠죠."라고 대답했다.

7 존 벨로프John Beloff의 『정신의 존재, *The Existence of Mind*』(New York: Citadel Press, 1964)서문에 있는 행동주의를 말한다.

위에서는 성립될 수 없다. 인간의 의식이 조건화되어 있기는 하지만 이런 조건화된 사실을 인식할 수 있다는 이유만으로도 의식화는 작동하고 있다. 이런 의식의 '비판적인' 차원 때문에 인간은 세계 변혁에 대한 행동 목표를 세운다. 인간이 이런 목표를 달성할 수 있기에 인간만이 그런 행동을 취하기 전에도 자신의 행동성과를 즐길 수 있게 된다. 인간은 기획하는 존재이다.

우리는 인간만이 정형적인 노동을 한다고 생각한다. 거미는 까치와 비슷하게 작업을 수행한다. 꿀벌의 집짓기 실력은 많은 건축가를 부끄럽게 만든다. 하지만 건축가는 실제로 건축물을 세우기 전에 상상 속에 먼저 구조를 올린다. 따라서 최악의 건축가라고 하더라도 최고의 꿀벌보다는 낫다.[8]

꿀벌은 '전문가'로서 꿀을 만드는 데 필요한 꽃을 식별할 수 있다. 하지만 전문 분야가 다양하지는 않다. 꿀벌은 꿀로 다른 것을 만들 수 없다. 세계에 대한 꿀벌의

---

8   Karl Marx, *Capital*, trans. Samuel Moore and Edward Aveling, ed. Frederick Engels (Chicago: Charles H. Kerr, 1932), p. 198.

행동은 객관화를 수반하지 않는다. 즉 꿀벌에게는 인간의 행동을 특징짓는 비판적 성찰이 부족하다. 동물은 생존을 위해 세계에 자신을 맞추지만 인간은 생존을 넘어서 세계를 변화시킨다. 동물은 성취 목표도 없고 선택지도 없이 생존을 위해 적응하기에 세계를 '동물화'할 수 없다. 세계의 '동물화'는 동물의 '동물화'와 밀접한 관련이 있을 것이다. 스스로가 불완전하기에 끊임없이 탐구해야 한다는 사실을 동물 스스로가 자각해야 동물의 '동물화'는 가능한 일이다. 그러나 실제로 능숙하게 집을 짓고 꿀을 '제조하는' 동안에도 꿀벌은 여전히 세계와 접촉하고 있는 꿀벌이다. 이때 꿀벌은 꿀벌 이하도 이상도 아니다.[9]

프락시스 존재로서 인간이 세계를 변화시킨다는 것은 세계를 인간화 한다는 것을 의미한다. 세계의 인간화가 인간의 인간화를 의미하는 것은 아니지만 말이다. 이런 일은 인간의 호기심어리고 독창적인 존재성을 세계

---

9 "호랑이는 스스로 '탈-호랑이화'하지 않는다."고 오르테가이 개셋 (Ortega y Gasset)은 자신의 작품에서 말했다.

에 아로새겨 넣는 일일 수 있다. 인간 노동work의 흔적을 세계 안에 각인하면서 말이다. 그러나 인간의 존재성을 드러내는 일이기도 한 세계 변혁의 과정은 인간의 인간화 또는 비인간화, 인간의 성장 또는 퇴행으로 향할 수 있다. 이런 가능성들은 문제의 본질을 보여준다. 그리고 인간의 문제도 설정해 준다. 인간에게 이거냐 저거냐의 선택을 요구하기도 한다. 종종 이러한 변혁의 과정은 인간과 선택의 자유를 옭아맨다. 그럼에도 불구하고, 이런 가능성들은 세계 안에 인간의 성찰적 존재성을 새겨 넣는다. 따라서 오직 인간만이 세계를 인간화하거나 비인간화할 수 있다. 인간화는 인간의 유토피아이다. 비인간화 과정을 폭로하고 새로운 것을 선포하게 되는 그런 유토피아.

세계와 인간 사이의 관계에 대한 성찰성reflectiveness과 합목적성finality이 가능하려면, 이러한 관계가 물리적 맥락뿐만 아니라 역사적 맥락에서 일어나야 한다. 비판적 성찰이 없는 합목적성은 불가능하다. 합목적성은 연속적 시간 속에서 일어나는 일련의 사건 안에서만 의미를 갖는다. 인간에게 현재, 미래, 과거와 연결되어 있지 않은 거기와 상대적인 여기란 없다. 따라서 세계와 인간의 관계는 그 자체가 역사적이다. 인간은 그 자체가 인간이듯 말이다. 역사는 인간을 만든다. 그 인간은 역사를 만든다. 또한 인간은 이런 상호작용을 통해 만들어진 역사를 재기술할 수 있다. 진화의 과정에서 '인류화 hominized'[10]됨으로써 인간은 자신만의 역사를 가질 수 있게 된다. 동물은 반대로 인간만이 소유하고 있는 시간 안에 침잠해 있다.

세계에 대한 인간의 관계relation와 세계에 대한 동물의 접촉contact 사이에는 근본적인 차이가 있다. 인간만이 노동을 한다. 꿀벌의 예에서 맑스가 언급한 것처럼 사람에게는 당연한 것이 말에게는 부족하다 : "모든 노동 과정의 끝에서 얻은 생산물은 노동자의 상상 안에 이미 존재했던 것들이다."[11] 이런 차원이 없는 행동은 노동이 아니다. 서커스에서 말이 보여주는 묘기는 인간의 노동을 반영한 것이다. 생명체가 크거나 작은 물리적 노력을 한

---

10   테일하르드 드 차드린Teilhard de Chardin, 『인간의 등장, *The Appearance of Man*』 참조

11   Karl Marx, *Capital*

다고 해서 그 행동이 바로 노동이 되는 것은 아니다. 자신의 노력에 대한 의식, 자신과 행동 대상을 매개하는 도구를 만들고 그 도구들을 사용하기 위해 행동을 계획할 수 있다는 의식, 행동 목적에 대한 의식, 행동 결과를 열망하는 의식, 이런 의식들 때문에 행동은 노동이 된다. 더군다나 행동이 노동이 되기 위해서는 그 행동을 통해 생산이 이루어져야 한다. 그리고 이렇게 생산된 생산물은 행동 주체와 구별되는 동시에 그 주체를 조건 지으면서 주체의 성찰 대상이 된다.[12] 인간은 노동을 통해 세계를 변화시킴으로써 세계에 대해 효과적으로 행위한다. 또한 반대로 인간의 의식은 '프락시스 전도'inversion of

---

12 이것은 인간의 사회적 관계에 적절하다. 그리고 이 관계는 자신의 세계에 대한 인간의 관계를 함축하고 있다. 이런 이유 때문에 육체노동과 정신노동 사이의 전통적인 귀족주의적 이분법은 신화에 불과할 뿐이다. 모든 노동은 전체 인간을 분할 할 수없는 단일체로 만든다. 공장에서 이루어지는 작업을 육체노동과 정신노동으로 분리할 수 없다. 이 논문을 쓰는 일도 그렇게 나눌 수 없듯이 말이다. 이러한 형태의 작업을 구분하는 유일한 방법은 육체적 노력과 정신적 노력 중에 어떤 노력이 먼저 그 작업에서 요구되는지 따져 보는 것이다. 이 점에 관해서는 안토니오 그람시Antonio Gramsci의 『문화와 문학, *Cultura y Literatura*』(Madrid: Ediciones Península, 1967), p. 31. 참조

praxis를 통해 역사적으로 그리고 문화적으로 조건 지어진다. 이런 조건화가 어떻게 이루어지는가에 따라 인간의 의식은 문화-역사적 현실의 맥락에서 다양한 수준을 성취한다. 이러한 의식의 수준을 의식화 과정으로 이해할 수 있다. 이 문제에 대해서 조금 더 발전적인 분석을 해 보자.

역사적 조건화와 의식의 수준

의식의 수준을 이해하기 위해서 우리는 하부구조와 관련된 상부구조로서 문화적-역사적 현실을 이해해야 한다. 이를 통해 우리는 상대적 측면에서 그러한 의식의 수준에 상응하는 역사-문화적 지형의 근본적인 특성을 찾아볼 것이다.

우리의 의도는 의식의 기원과 역사적인 진화를 연구하는 것이 아니라 라틴아메리카의 현실에서 의식 수준에 대한 구체적이고 기본적인 분석을 하는 것이다. 이런 분석은 라틴아메리카 외의 제3세계 지역 분석이나 제3세계를 '침묵의 영역'으로 인식하는 지배사회 분석을 피하지는 않는다.

우리는 먼저 우리가 '침묵의 문화'라고 부르는 역사적·문화적 지형을 탐색 할 것이다. 이런 문화 양식은 의식의 특수 형태를 조건 짓는 상부구조적 표현이다. 침묵

의 문화는 그것이 비롯된 하부구조를 '중층 결정한다.'[13]

전체의 일부면서 동시에 또 다른 하나의 전체라는 관점에서 침묵의 문화를 이해할 수 있다. 더 큰 전체 안에서 우리는 침묵의 문화를 결정하는 문화도 인식해야 한다. 지배사회가 침묵의 문화를 실험실에서 만들어 제3세계로 옮겨 놓았다는 말이 아니다. 침묵의 문화가 저절로 생겼다는 말도 아니다. 침묵의 문화는 제3세계와 지배사회의 관계 속에서 태어난다. "지배자는 문화를 만들고 피지배자에게 강제하지 않는다. 침묵의 문화는 피지배자와 지배자 사이의 구조적 관계의 산물이다."[14] 따라서 침묵의 문화를 이해하기 위해서는 먼저 서로 다른 형태의 존재, 사고, 표현, 침묵의 문화, 그리고 '목소리를 가진 문화'를 초래한 의존적인 관계 현상을 분석해야 한다.

우리는 앞에서 비판했던 두 입장, 즉 기계론으로 이끄는 객관주의와 유아론으로 이끄는 관념론을 모두 피

---

13 루이 알튀세르Louis Althusser, 『맑스를 위하여, *Pour Marx*』 (Paris: Librairie François Maspero, 1965) 참조

14 호세 루이스 피오리 (José Luis Fiori)는 제3세계에서 가장 우수한 기관 중 하나 인 ICIRA 칠레 팀 저자의 조수였다.

해야 한다. 또한, 우리는 상부구조를 이상화하고 하부구조와 분리하는 입장도 피해야 한다. 우리가 하부구조의 상부구조를 과소평가한다면 사회 구조 자체를 설명할 수 없다. 사회구조는 추상적 개념이 아니다. 사회구조는 상부구조와 하부구조 사이의 변증법 안에 존재한다. 이 변증법을 이해하지 못하면 변화와 영속성 사이의 변증법 – 이것이 사회구조가 작동하는 공식이다 – 을 이해하지 못한다.

상부구조는 하부구조에서 나온다. 그리고 하부구조는 인간이 노동으로 세계를 변화시키며 이 세계와 맺는 관계 속에서 창출된다. 그러나 상부구조가 이를 뒤엎고 하부구조를 '중층결정'하기도 한다. 여기에서 상부구조의 신화에 물든 인간이 이 과정을 매개한다. 인간이 존재하고 노동하면서 세계와 맺는 이런 불안정한 관계의 역동 덕분에 우리는 사회구조에 대해서, 인간에 대해서, 그리고 인간세계 대해서도 이야기할 수 있다.

지배자와 피지배자 사이의 관계는 아주 개인적인 수준이라고 하더라도 형식적으로 더 큰 사회적 맥락을 반영한다. 이러한 관계에서 피지배자는 지배자의 문화적 신화에 젖어든다. 마찬가지로, 종속사회는 지배사회의 가치와 생활양식에 젖어든다. 지배사회 구조가 종속사회의 구조를 주조하기 때문이다. 이로 인해 종속사회의 이중성이 나타난다. 존재하면서도 존재하지 않는 종속사회의 모호성과 오랜 종속 경험에서 비롯된, 지배사회에 매료되면서도 그 사회를 거부하는 애매성이 그것이다.

지배사회의 의지로 종속사회의 하부구조가 형성된다. 결과적으로 상부구조는 하부구조의 비순수성을 반영한다. 지배사회는 경제적 권력의 메커니즘과 고도로 발달된 기술을 통해 이데올로기적 위기를 흡수할 수 있지만, 종속사회는 너무 연약하여 최소한의 민중 출현도 허용하지 못한다. 종속적인 구조에서 경직성이 자주 나타나는 이유이기도 하다.

종속사회는 정의상 침묵 사회이다. 종속사회의 목소리는 진정한 목소리가 아니다. 지배사회의 메아리일 뿐이다. 언제나 지배사회는 말하고 종속사회는 듣는다.[15]

---

15 이런 일이 교회에서 어떻게 일어나는지 주목하는 것은 흥미롭다. '선교지'라는 개념은 주류사회 개념이다. 선교지가 존재하기 위해서는 선교지에 대한 정의가 있어야 한다. 선교지를 파송하는 국가들과 대도시, 선교

지배사회에 대한 종속사회의 침묵은 종속사회 내의 관계 속에서도 반복된다. 종속사회의 파워 엘리트들은 지배사회 앞에서는 침묵하면서, 동시에 자신의 민중들을 침묵시킨다. 종속사회 민중들이 침묵의 문화에서 벗어나 말할 수 있는 권리를 획득 할 때, 즉 급진적인 구조 변화가 종속사회를 변화시킬 때, 지배사회에 대한 침묵은 완전히 멈출 수 있다.

반면에 페루의 최근 사례[16]처럼 특정 집단이 쿠데타로 권력을 장악하고 민족주의적인 경제와 문화적 방위 조치를 취하게 되면 다음과 같은 결과 중 하나로 이어질 새로운 모순이 생길 것이다. 첫째, 새로운 정권은 자신의 의도와 상관없이 내·외부적으로 침묵의 문화를 확실하게 무너뜨려야 하는 순간을 맞닥뜨릴 수 있다. 둘째, 민

지와 제3세계 사이에는 중요한 일치점이 있다. 우리에게는 모든 땅이 기독교적 관점에서 선교지처럼 보일 것이다.

16   [역주] 1968년 10월 3일 당시 페루의 통합참모본부 의장 겸 육군사령관이었던 후안 벨라스코알바라도(Juan Velasco Alvarado)가 일으킨 쿠데타를 의미한다. 그는 이후 대통령으로 취임하여 미국 인터내셔널페트로리엄사(IPC)와의 석유채굴협정을 파기하는 등 탈미국 친소련 정책을 추진하였다.

중 봉기가 두려워 후퇴하여 민중들에게 침묵을 다시 강제할 수 있다. 셋째, 정부는 새로운 유형의 포퓰리즘적인 지원을 할 수 있다. 고통 받고 있는 대중들은 처음에 이루어진 민족주의적인 조치에 자극받을 경우 실제로 사회 변화에 참여했다는 환상을 갖게 될지도 모른다. 페루에서 1968년에 권력을 잡은 군부가 정치적 목표 실현을 위한 조취를 취하게 될 경우 페루 사회에서 가장 폐쇄적인 영역에서 '균열'이 생길 수 있다. 대중들은 이 균열을 뚫고 나와 자신들의 요구를 분출하며 침묵에서 벗어나기 시작할 것이다. 요구가 충족되면 대중은 더 많은 것을 요구하게 될 것이다. 요구의 성격도 바뀔 것이다.

따라서 포퓰리즘적 접근은 결국 권력 집단에게 심각한 모순을 야기할 것이다. 권력 집단은 침묵의 문화를 깨뜨리거나 복원해야 한다는 사실을 깨닫게 될 것이다. 따라서 오늘날 라틴아메리카 정부가 내부적으로는 침묵의 문화를 존속하면서 동시에 지배사회에 대해 공격적인 독립 정책을 유지하는 일은 쉽지 않을 것이다.

1961년 브라질에서는 쟈니우 콰드로스Jânio Quadros가 권력을 잡았다. 브라질 역사상 최대의 선거 승리였을 것이다. 그는 지배사회를 향한 독립과 민중 통제라는 역설적인 정책을 시도했다. 7개월의 재임 후, 쟈니우 콰드로스는 제툴리우 바르가스Getulio Vargas 대통령을 자살로 내몰았던 검은 세력의 압력으로 대통령직을 사임한다고 갑작스럽게 발표를 했다. 그러고 나서 그는 런던으로 우울한 탈출을 했다.

1964년 굴라르트Goulart 정부를 무너뜨린 브라질 군부는 쿠데타를 혁명이라고 치장했고 지배사회에 대해 일관된 예속 정책과 자국민에 대한 폭력적인 침묵 정책을 따랐다. 지배사회에 대한 예속 정책을 펴면서 내부적으로 침묵의 문화를 무너뜨리는 일은 불가능할 것이다. 내부적으로 침묵의 문화를 유지하면서 지배사회에 대한 독립 정책을 유지하는 것도 마찬가지일 것이다.

라틴아메리카 사회에서는 스페인과 포르투갈의 침략 이후 침묵의 문화가 형성되었고 폐쇄적인 사회가 되었다. 혁명 후의 쿠바를 제외하고는 지금도 여전히 폐쇄적인 사회이다.[17] 시대를 달리 하며 포르투갈, 스페인, 영

---

17 '닫힌 사회'에 대해서는 앙리 베르그송Henri Bergson의 『도덕과 종

국, 미국 등 간판만 바꿔서 단 지배사회의 영향 하에 있었던 종속사회였던 것이다.

라틴아메리카 사회는 경직된 계층적 사회구조, 외부 경제 통제에 따른 내수시장의 부재, 공정 개입이 어려운 천연자원의 수출과 공산품의 수입, 현상 유지 도구인 불안정하고 선택적 교육 시스템, 저개발과 종속 상태에서 비롯된 저 순진한 이름의 '열대병', 높은 비문해율과 질병률, 위험한 수준의 유아 사망률, 정신 기능에 치명적인 영향을 미치는 영양실조, 낮은 평균 수명 그리고 높은 범죄율 등이 특징인 닫힌 사회이다.

그러한 종속사회의 현실에 상응하는 의식 양식이 있다. 그 의식은 역사적으로 사회구조에 의해 조건 지어진다. 종속사회의 종속 의식의 주된 특징은 객관적 현실에 대한 유사집착quasi-adherence 또는 유사몰입quasi-immersion

---

교의 두 원천, *The Two Sources of Morality and Religion*, trans. R. A. Audra and C. Brereton (Garden City, NY: Doubleday Anchor Books, 1954)과 칼포퍼Karl Popper의 『열린 사회와 그 적들, *The Open Society and Its Enemies*』 (London: Routledge &Kegan Paul, 1949)을 참고할 것.

에 있다.[18] 피지배 의식은 비판적 방식으로 현실을 인식하기 위하여 객관화할 만큼 현실과의 충분한 거리를 두지 못한다.[19] 우리는 이를 의식의 '준변화불능'semi-intransitive 양식이라고 부른다.[20]

　　준변화불능 의식은 닫힌 구조의 전형이다. 구체적 현실에 대한 유사몰입 상태에 있기에 준변화불능 의식은 현실의 많은 도전들을 인식하지 못하거나 왜곡된 방식으로 인식한다. 준변화불능성은 객관적인 조건이 강제한 일종의 망각 상태이다. 이런 망각 때문에 피지배자들은 일상적인 경험의 궤도 안에 있는 데이터만을 인식할 수 있다. 일상의 사실들과 문제 상황을 객관화하기는 어려워진다. 이러한 수준의 유사몰입 상태에 있는 인간들은 '구조적 인식'이 부족하다. 사실과 문제 상황에 대

18　이 의식 양식은 대토지(latifundios) 소유가 합법적인 라틴아메리카 농촌 지역에서 여전히 지배적 인 것으로 나타난다. 농촌 지역은 '침묵의 문화'를 보존하고 있는 '닫힌 사회'를 구성하고 있다.

19　Paulo Freire, *Pedagogy of the Oppressed* (New York: Seabury Press, 1970) 참조.

20　Freire, *Educação como Prática da Liberdade* 참조

한 이해를 기반으로 구체적인 현실을 통해 의식을 형성하고 재구성하는 그런 인식 말이다. 구조적 인식이 부족한 사람들은 자기 삶의 사실과 상황들을 초현실적인 것이나 자신의 내면의 문제의 탓으로 돌린다. 두 경우 모두 객관적인 현실과는 거리가 먼 것들이다. 사람들이 특정 상황에서 취하게 되는 운명론적인 입장의 기원을 여기서 추적하는 것은 어렵지 않다. 그러한 상황이 초월적인 힘이나 자신의 '본능적인' 무능력 때문에 일어난다고 볼 때 인간의 행동은 현실을 변화시키는 방향이 아니라 문제 상황에 책임이 있는 초월적 존재 또는 자신의 무능력으로 향하게 된다. 따라서 이런 사람들의 행동은 방어적이거나 치료적인 주술의 특성을 갖는다. 수확기나 파종 전, 라틴아메리카 등 제3세계의 농민들은 일반적으로 혼합 종교의 성격을 갖고 있는 주술 의식을 수행한다. 이런 주술 의식은 문화 전통으로 진화한다고 하더라도 한동안 이루어진다. 주술 의식이 전통 문화가 되는 일이 갑자기 일어나지는 않으니 말이다. 이 또한 객관성과 주관성 사이의 변증법을 포함하는 과정이다.[21]

라틴아메리카 국가들은 처음으로 '균열'을 일으킨 하부구조 변화의 영향으로 다른 국가들보다 더 강렬한 역사적·문화적 전환기에 접어들었다. 특히 브라질에서는 19세기 말 노예제도 폐지로 전환기가 시작되었다.[22] 제1차 세계 대전 중에 이런 변화가 가속화 되었고, 1929년의 경제공황 이후 제2차 세계 대전이 일어나면서 다시 격렬해졌으며, 군사 쿠데타가 폭력적으로 국가를 침묵시켰던 1964년 이전까지 간헐적이기는 하지만 변화는 계속 되었다.

구조의 균열이 나타나기 시작하고 사회가 전환기에 들어가면서 지금까지 조용히 침묵하고 있었던 대중이

---

21 후발 사회의 근대화가 그 사회와 뗄 수 없는 부분인 주술 의식이 발산될 수 있도록 하는 것도 필요하다. 그렇지 않다면, 주술 현상 자체는 없어질지 몰라도 근대화가 기술을 신비화하게 될 것이다. 기술 신화는 이전에 문제 상황을 설명했던 주술을 대체 할 것이다. 나아가, 기술의 신화는 여전히 존재하는 주술적인 힘의 대용물이 아니라, 이런 힘들보다 우월한 것으로 보일 수 있다. 따라서 기술은 소수의 특권을 가진 사람에게만 접근할 수 있는, 모든 구조를 넘어서는 전지전능한 것으로 기획 될 수 있다.

22 브라질에서의 노예제도 폐지는 초기 산업에서 자본의 전도를 가져왔고, 브라질 중부와 중남부에 대한 최초의 독일인, 이탈리아인, 일본인의 이민을 촉진했다.

최초로 출현한다. 이 점은 중요하다. 그러나 대중이 출현했다고 해서 침묵의 문화가 자동적으로 깨지는 것은 아니다. 지배사회와 관계를 맺고 있는 전환기 사회는 여전히 침묵하는 총체이다. 그러나 대중의 출현 현상으로 파워 엘리트들은 대중을 침묵시킬 수 있는 새로운 형태의 실험을 할 수밖에 없게 된다. 대중의 출현을 자극하는 구조적 변화도 유사몰입적이며 준변화불능의 의식을 질적으로 변화시키기 때문이다.

닫힌 사회를 보여주는 객관적인 데이터, 즉 구조적인 구성 요소 중 하나는 대중의 침묵이다. 그리고 이런 침묵은 우연적이고 비효과적인 반란을 통해서만 깨진다. 대중들이 침묵을 운명론적으로 받아들일 때 침묵을 강요한 파워 엘리트에 대한 문제제기는 거의 없다.[23] 그

---

23 미국에서 흑인 의식의 출현에 대해 정확한 연구를 하지는 않았지만, 우리는 특히 남부 지역에서 심리학적 기준으로 설명 할 수없는 젊은 세대와 노인 세대 사이의 차이가 있다고 말하고 싶어 한다. 오히려 그 과정에 대한 변증법적 이해로 설명될 필요가 있다. 나이든 세대보다 운명론적인 영향을 덜 받는 젊은 세대는 수동적 침묵뿐만 아니라 저항운동을 위한 방법에 대해서 이전 세대와는 질적으로 다른 입장을 논리적으로 취해야 한다.

러나 닫힌 사회에 균열이 생기기 시작하면 새로운 대중의 존재가 요구된다. 침묵은 더 이상 변화 불가능한 것으로 보이지는 않는다. 침묵은 변할 수 있고 그렇게 되어야 하는 실체로 간주된다. 라틴아메리카 사회에서 있었던 이런 역사적 전환은 민중 의식의 새로운 단계, 즉 '순진한 변화가능성'에 해당한다. 이전에는 민중 의식이 준변화불능한 것이었으며 생물학적 요구 충족에만 한정되었다. 침묵에서 탈출하는 과정에서 민중 의식 능력이 확장되어 사람들은 이전에는 명확하게 설명되지 않았던 것을 시각화하고 구별할 수 있게 된다.

준변화불능 의식과 순진한 변화가능 의식 사이의 질적인 차이는 사회의 구조적 변혁에서 비롯된 민중 의식의 출현 현상으로 설명 될 수 있지만, 인간 인식에 질적 변화를 가져 오는 역사적 순간들 사이에는 선명하게 정의될 수 있는 경계가 없다. 여러 측면에서, 준변화불능 의식은 순진한 변화가능 의식 안에 남아있다. 예를 들어, 라틴아메리카에서는 거의 대부분의 농민들이 굉장히 오랜 기간 동안 유사몰입의 단계에 있었다. 농민들은 준변화불능 의식이 변화가능 의식 쪽으로 변화 함에도 불구하고 이전 단계에 있었던 무수한 신화를 계속적으로 받아들였다. 따라서 변화가능 의식은 이전과 마찬가지로 피지배 의식으로서 순진한 의식 상태로 나타난다. 그럼에도 불구하고, 변화가능 의식은 객관적 사회의 조건 속에서 애매하기는 하지만 존재의 원천들을 더 많이 자각하는 경향이 분명히 있다.

민중 의식의 출현은 침묵의 문화 극복은 아니더라도 적어도 역사 과정에서 파워 엘리트들에게 압력을 가하는 대중의 존재를 의미한다. 이에 대해서는 더 복잡한 차원의 현상으로 이해해야 한다. 말하자면 민중 의식의 출현은 비록 순진한 변화가능 상태임에도 불구하고 파워 엘리트의 의식을 발전시키는 순간이기도 하다. 지배구조 안에 민중을 침묵시키는 파워 엘리트들이 없다면 민중의 침묵은 존재하지 않을 것이다. 또한 대중이 없다면 파워 엘리트도 없을 것이다. 이전에 보지 못했던 것을 보게 될 때 깜짝 놀랄만한 순간이 대중들에게 있듯이, 파워 엘리트들 사이에서도 대중에 의해 벌거벗겨진 자기 자신을 발견하게 될 때 마찬가지의 놀라움이 있다. 이런 양면의 폭로는 대중과 파워 엘리트 모두에게 열망을 불러

일으킨다. 대중은 자신들과 늘 함께 했던 침묵을 극복하고자하는 열망, 자유에 대한 열망을 갖게 된다. 엘리트들은 자신들의 권력을 위협하는 진정한 변화를 막기 위해 표면적인 변화만을 허용함으로써 현상을 유지하기를 열망하게 된다.

　과도기적 과정에서 정적인 특성이 지배적이었던 '닫힌 사회'는 사회적 삶의 모든 차원에서 점차적으로 역동성을 띠게 된다. 대중 의식이 점점 더 많은 것을 요구하여 갈등을 유발한다. 엘리트 쪽에는 더 큰 위협을 안겨준다. 이를 통해 모순들이 표면화된다. 이 역사적 전환기가 가속화되면서 종속사회에 내재된 모순을 제거하기 위한 특권층 엘리트들의 움직임이 나타난다. 즉 지식인과 학생 집단은 외생적인 계획이나 기존의 해법을 거부하면서 사회현실에 참여하고자 한다. 예술은 부유한 부르주아지의 안락한 삶을 표현했던 기존의 모습을 멈춘다. 예술은 점차 민중들의 힘겨운 삶에서 영감을 찾기 시작한다. 시인들은 이별의 아픔을 넘어서기 시작한다. 이별에 대한 주제도 신파조를 벗어나 객관적이고 서정적으로 변한다. 시인들은 이제 추상적이고 형이상학적 개념이

아닌 구체적인 인간의 삶으로서 현장의 땀과 노동자에 대해 이야기하기 시작한다.[24]

브라질에서는 이러한 질적인 변화가 이루어져 모든 영역에서 창조적 삶이 나타났다. 전환기적 상황이 깊어짐에 따라 이런 활동 그룹들은 사회 이해를 심화하고 사회의 종속 상태를 극복할 수 있는 방법을 만들어 내기 위하여 국가 현실 문제에 더 집중하기 시작하였다.

대중이 새로운 역사적인 존재로 출연하는 곳에서 닫힌 사회의 낡은 정치 모델은 더는 적합하지 않다. 따라서 전환기 국면에서는 새로운 스타일의 정치 생활이 창출된다. 닫힌 사회에서의 엘리트 계층과 유사몰입 상태의 민중들 사이의 관계를 다양한 엘리트 파벌을 대표하는 정치 지도자들이 중재한다. 브라질에서는 가부장적인 정치 지도자들이 토지뿐 아니라 그들의 통제 아래에 있는 침묵하고 순종적인 대중의 소유주이기도 하다. 라틴아메리카의 농촌 지역은 정치 지도자들의 지배 아래

24　"The Role of Poetry in the Mozambican Revolution" *Africa Today*, 16, No. 2 (1969). 참조

에 있었다.[25] 초기에는 사회적 격변의 영향을 받지 않았기 때문이다. 반대로 도시에서는 새로운 종류의 리더십, 즉 포퓰리즘적인 리더십이 등장하여 파워 엘리트와 새로 출연한 민중 사이를 중재하였다. 우리가 특별히 주의를 기울일만한 포퓰리즘적 리더십의 특징 중 하나가 있다. 그것은 바로 리더십의 조작적 특성이다.

침묵에서 벗어난 대중이 출연하면서 이전의 닫힌 사회에서 계속되었던 정치 스타일은 허용되지 않는다. 그러나 대중이 자신을 대표해서 말할 수 있게 되었다는 것은 아니다. 대중들은 단지 유사몰입 상태에서 순진한 변화 가능 상태로 변했을 뿐이다. 따라서 포퓰리즘적 리더십은 역사 과정에서 대중의 새로운 출연에 대한 적절한 대응이라고 할 수 있다. 그러나 그것은 조작적 리더십이다. 엘리트를 조작할 수 없기에 대중을 조작하는 리더십이다.

---

25 라틴아메리카에서의 멕시코, 볼리비아, 쿠바 혁명은 닫힌 구조인 농촌 지역을 열었다. 그러나 쿠바만이 변화를 영구히 하는데 성공했다. 멕시코 혁명은 좌절됐고, 볼리비아 혁명 운동은 패배했다. 그럼에도 불구하고, 멕시코와 볼리비아의 사회적 삶을 살게 된 농민의 출현은 논란의 여지가 없는 초기 개방의 성과이다.

대중에 대한 포퓰리즘적 조작은 두 가지 관점에서 파악되어야 한다. 우선, 포퓰리즘적 조작은 일종의 마약임에 분명하다. 새로 출현한 의식의 순진성뿐만 아니라 민중들의 순응적 습성 또한 유지하기 때문이다. 또 다른 측면에서, 포퓰리즘적 조작은 대중의 저항과 요구를 활용하게 되는데 역설적으로 이는 민중들이 현실을 폭로하는 과정을 가속화한다. 이러한 역설은 포퓰리즘에 애매한 특성을 부여한다. 포퓰리즘은 조작적이지만 동시에 민주적 동원에 영향을 미친다.[26]

따라서 전환기 사회에서 발견되는 새로운 정치 생활양식은 지도자와 엘리트 사이의 중재자 역할에 국한되지 않는다. 실제로 포퓰리즘적 정치 스타일은 청년 집단

---

26 프란시스코 웨포트Francisco Weffort는 파울로 프레이리Paulo Freire의 『자유의 실천으로서의 교육, *Educação como Prática da Liberdade*』에 대한 소개에서 애매성이 포퓰리즘의 주요 특징이라고 지적했다. 사회학 교수인 웨포트Weffort는 오늘날 브라질의 포퓰리즘 분석의 최고 권위자 중의 한 사람이다. 매사추세츠주 캠브리지에 있는 개발 및 사회 변화 연구 센터(The Center for the Study of Development and Social Change)는 한정판으로 로레타 슬로버Loretta Slover가 쓴 이 책의 서문 번역본을 최근 발행하였다.

과 지식인들이 민중들과 함께 정치 참여를 할 수 있는 조건을 조성한다. 포퓰리즘은 일종의 조작적 가부장주의이기도 하지만 조작 자체에 대한 비판적인 분석의 가능성을 제공한다. 이런 모순과 애매성이 전체적으로 작동하면서, 전환기 사회에서의 민중적 대중의 출현으로 대중이 자신들의 종속적 국가를 의식할 수 있는 길이 열린다.

우리가 말했듯이, 대중이 준변화불가능 의식에서 순진한 변화가능 상태로 넘어가는 순간은 엘리트들의 의식을 각성시키는 순간, 즉 진보 그룹의 비판적인 의식을 위한 결정적인 순간이기도 하다. 처음에 이 비판적 의식은 전체적으로 사회의 문화적 소외, 즉 대학 '형성'으로 더 강해진 소외를 경험한 소수의 지식인들 사이에 깨지기 쉬운 의식으로 나타난다. 전환기 사회의 전형적인 모순이 더욱 선명하게 드러남에 따라 이런 그룹들은 번성하며 점차 자신의 사회를 구성하는 요소들을 정확하게 식별할 수 있게 된다. 이들은 문학, 조형미술, 연극, 음악, 교육, 스포츠, 민속 예술 등 다양한 방식으로 민중적 대중과 결합하게 된다. 이들 그룹 중 일부가 민중들과 소통할 수 있게 된다는 점은 중요하다.

이런 진보 그룹의 비판적 의식이 증가하는 시점에서, 새롭게 출현하는 대중의 순진한 변화가능성의 분출은 파워 엘리트들의 의식에 대한 도전이 된다. 이 역사적 단계에서 자기 각성한 사회는 자신들이 속한 사회 전체의 비판적 이해를 넘어서지 못하면서 혁명 직전의 환경을 맞게 되는데 이 환경의 변증법적 모순이 바로 쿠데타이다.

라틴아메리카에서 쿠데타는 민중 출현의 위기에 대한 경제 및 군사적 엘리트들의 대응이었다. 이 대응은 군부의 상대적인 영향력에 따라 다양하다. 군대의 폭력과 이어서 이루어지는 민중 억압의 정도에 따라 쿠데타는 민중들의 과거 행동 패턴, 즉 이전의 유사몰입 상태였던 패턴을 '재활성화'한다. 라틴아메리카 군사 쿠데타의 폭력과 자의적 통치에 직면했을 때 나타나는 민중들의 수동성을 이런 침묵의 문화 '재활성화'를 통해서만 설명할 수 있다(지금까지 유일한 예외는 페루였다).[27]

현실에 대한 변증법적 시각을 통해서만 라틴아메리

---

27 알튀세르Althusser는 국민의 침묵으로의 복귀와 동일한 현상으로 러시아 민중들이 스탈린의 범죄적 억압을 어떻게 견뎌 낼 수 있었는지 설명했다.

카의 쿠데타를 이해할 수 있다. 기계적 이해는 왜곡을 낳을 것이다. 종속적 조건들이 더 강해지고 커지면서 전환기에 있는 라틴아메리카 사회는 혁명이냐 쿠데타냐 같은 두 가지 모순된 가능성에 직면해 있다. 쿠데타의 이데올로기적 토대가 강할수록 쿠데타의 명분이 되었던 정치 스타일로 퇴행하는 일은 더욱 불가능해진다. 쿠데타는 사회의 역사적 전환의 과정을 질적으로 변화시킨다. 또한 새로운 변화의 시작을 알린다. 전통적인 전환의 단계에서 쿠데타는 혁명에 관한 안티테제적인 선택지였다. 새로운 전환의 단계에서 쿠데타는 임의적이고 반민중적인 권력으로 정의되고 확정된다. 이때 계속적인 혁명의 가능성은 점점 어려워진다.

브라질에서는 쿠데타를 통해 국가 이익의 해외 유출을 정당화하는 개발 이데올로기가 수립되었다. 이 이데올로기 안에서 개발에 대한 다국적기업 이념이 국가 독점 이념을 대체한다.[28] 그러한 이데올로기는 기본적으로

---

28 Fernando Henrique Cardoso, "Hegemonía Burguesa e Independencia Económica; Raízes Estruturias da Crise Política Brasileira," in *Revista Civilização Brasileira*, 17 (January 1968).

민중 부문의 침묵과 의사결정 영역에서의 민중 추출을 반드시 요구한다. 그러므로 민중 세력은 이런 전환기가 예전의 전환기적 시기마다 있었던 분위기 – 그리고 이때의 정치 모델은 개발에 대한 민족주의적 포퓰리즘에 상응했는데 – 를 되살릴 수 있는 '개방'을 제공할지도 모른다는 순진한 착각을 하지 말아야 한다.

새로운 전환기가 제공하는 '개방'은 그 자체로 의미를 지니고 있다. 그러한 개방은 과거로의 회귀가 아니라 지배 이데올로기가 요구하는 적응 게임 안에서 이루어지는 거래 관계를 의미한다. 그 이데올로기가 무엇이든지, 새로운 전환 단계에서 민중 세력은 쿠데타 세력과 경쟁하던 시기와는 완전히 다른, 새로운 행동 방법을 찾아야 한다.

이런 변화의 근거는 하나로 충분하다. 쿠데타로 인한 억압 때문에 민중 세력은 침묵으로 행동해야하며 침묵의 행동은 힘겨운 도제적 수련을 요구한다. 더욱이, 민중 세력은 역사적으로 피지배 의식을 야기한 침묵의 문화 재활성화가 가져올 효과에 대한 대응책을 모색해야 한다. 이러한 조건 아래에서, 순진한 변화가능 상태에 도

달한 새로운 의식의 존속 가능성은 어떠한가? 이 질문에 대한 대답은 군사 쿠데타가 촉발된 전환 단계에 대한 더 깊이 있는 분석에서 찾아야 한다. 이 단계에서도 혁명은 여전히 가능하기 때문에, 우리의 분석은 혁명적인 기획 (또는 어설픈 여러 기획)과 새로운 정권 사이의 변증법적 대립에 초점을 맞출 것이다.

문화행동과 문화혁명

혁명 집단이 반혁명 세력[29]과 적대적 모순 관계에 있다는 말은 당연하게 들린다. 그러나, 서로 대립되는 목적을 가진 적대감이 똑같은 형태의 적대 행위로 표현될 수도 있다. 민중들의 선택을 도울 수 있도록 반혁명 집단과 혁명 집단의 프락시스 차이는 선명하게 규정되어야 한다. 혁명 집단은 원래 유토피아적이다. 하지만 반혁명 집단은 유토피아적일 수 없다. 이 점이 두 집단의 사이를 가르는 중요한 차이점이다. 임의적 구분이 아니다. 이런 차이를 통해 우리는 혁명 집단과 반혁명 집단이 취하는 행동 목표와 그 형태를 충분히 구별할 수 있다[30]

---

29 [역주] 원문에서 우파the right라고 되어 있지만, 당시 라틴아메리카의 쿠데타 세력을 포함하여 외세 의존적인 엘리트층, 기득권층을 의미한다는 점에서 여기에서는 반혁명 집단 또는 세력으로 번역한다.

30 급진주의와 정반대의 종파주의에 대해서는 다음을 참조. Freire, *Pedagogy of the Oppressed*.

진정한 유토피아는 부당한 현실을 폭로하고 미래 기획을 선포한다. 이런 의미에서 혁명적 리더십이 할 수 없는 것은 다음과 같다.

a) 현실을 모른 채 현실을 폭로하기

b) (폭로에서 비롯되지만 실천을 통해서만 실행 가능한) 기초적 기획 없이 새로운 현실을 선포하기

c) 지식의 원천으로서 객관적인 사실과 민중들에 기대지 않고 현실을 인식하기

d) 홀로 폭로하고 선언하기

e) 폭로와 선포에서 새로운 신화 만들기 : 폭로와 선포는 현실에 대한 과학적 지식에서 비롯된 것이며, 따라서 반이데올로기여야 한다.

f) 민중과 소통 포기 : 폭로와 선포의 변증법적 과정을 통해 실행 가능한 기획이 구체화될 때, 그리고 그 기획을 현실에 적용하여 실행할 때

따라서 혁명적 리더십이 역사에 대한 운명론에 빠져서 리더는 이미 알고 있고 민중들은 모른다는 생각에 기

계적으로 민중들을 길들이려고 한다면 미래 기획의 목적은 손상되고 말 것이다. 이 경우 혁명적 리더십은 더 이상 유토피아적이지 않으며 결국 반혁명 집단과 같게 된다. 우리가 말했듯이 반혁명 집단은 어떠한 폭로도 선언도 하지 않는다. 오로지 폭로와 선포한 자들을 비난할 뿐이다.

반면 진정한 혁명적 기획은 당연히 유토피아적이다. 여기에서 민중은 세계를 변혁하고 재창조하는 두려운 모험 속에서 주체의 역할을 맡는다. 반혁명 집단은 그러한 기획을 반대할 수밖에 없으며 이를 방해하려고 노력한다. 따라서, 에리히 프롬Erich Fromm의 용어를 빌리자면, 반혁명 집단의 입장이 죽음애적necrophilic이라면 혁명적인 유토피아는 생명애적biophilic이다. 관료적으로 변한 혁명적 리더십 또한 죽음애적이라 할 수 있다.[31]

---

31 생명애biophilia과 죽음애necrophilia에 대해서는 다음을 참조. Erich Fromm, *The Heart of Man* (New York: Harper &Row, 1964). [역주] 에리히 프롬이 개념화한 성격 유형으로 죽음애적 성격의 사람은 삶의 무질서와 통제 불가능성을 두려워하여 법과 질서의 준수를 사랑하고 기계적 대상을 선호하며 창조를 증오한다. 반면 생명애적 성격의 사람은 사랑

혁명적인 유토피아는 정적이라기보다는 역동적이다. 죽음보다는 삶에 가깝다. 현재의 반복보다는 인간의 창의력에 도전하는 미래에 가깝다. 집착적 소유보다는 주체의 해방으로서 사랑에 가깝다. 차가운 추상보다는 삶의 감성에 가깝다. 화려한 사교보다는 함께 어울려 살기에 가깝다. 침묵보다는 대화에 가깝다. '법과 질서'보다는 프락시스에 가깝다. 수동적으로 조직화된 인간보다는 스스로 성찰적으로 조직화하는 인간에 가깝다. 규범적인 법령보다는 창조적이고 의사소통이 가능한 언어에 가깝다. 길들이기 위한 슬로건보다는 성찰적 도전에 가깝다. 강제된 신화보다는 살아 있는 가치에 가깝다.

극단적인 반혁명 집단은 살아 있는 사람보다 죽은 사람을 더 좋아한다. 역동적인 것보다 정적인 것을 좋아한다. 창조적 모험보다 현실의 반복인 미래를 좋아한다. 진정한 사랑보다는 집착적인 사랑을 좋아한다. 삶의 감정보다 차가운 도식화를 좋아한다. 함께 하는 진정한 삶보다

에 의한 관계와 창조성을 강조하고 인간의 잠재 능력으로서 이성과 사랑을 긍정한다.

화려한 사교를 좋아한다. 창조적이고 소통적인 언어보다는 복종하는 말을 좋아한다. 도전 보다는 슬로건을 좋아한다.

혁명가들에게서는 반혁명 집단의 엘리트들과는 선명하게 구별되는 차이점들을 더 많이 목격하게 될 것이다. 반혁명 집단의 폭력, 반혁명 집단의 귀족적 태도, 반혁명 집단의 신화를 비난하는 것으로는 충분하지 않다. 혁명가들은 민중에 대한 자신의 존경심을 입증해야 한다. 이는 단순한 전략이 아니다. 혁명적이기 위해 필요한 암묵적인 요구이다. 민중에 대한 이러한 헌신은 언제나 필수적이다. 특히 쿠데타로 유발된 전환기에는 더욱 그렇다.

쿠데타는 침묵의 문화가 갖고 있는 낡은 기운을 재현한다. 폭력으로 민중들을 희생하면서 말이다. 민중들은 주체이자 사회 참여자로서의 경험의 한계점에 서있을 때, 누가 동지이고 누가 반대자인지 구별하도록 도와주는 신호를 필요로 한다. 이런 신호나 증인들은 인간이 사회구조와의 변증법을 통해 제안한 기획에서 얻게 된다. 각각의 기획은 목표, 방법, 절차 및 기법의 상호작용 전체로 구성된다. 혁명적 기획은 목적뿐만 아니라 총체적으로 반혁명 집단의 기획과 구별된다. 기획의 방법을 내용과 목적에 따라 흑백으로 나눌 수 없다. 그렇다고 기획의 방법이 중립적이진 않다. 똑같은 방법이 해방과 지배에 적용될 수도 없다. 기획의 방법을 이분법이나 중립적으로 보게 되면 행위 주체의 주관적 의도에 만족하는 순진한 관념론에 빠진다.

혁명적인 기획은 억압적이고 비인간적인 사회구조에 맞선 투쟁에 관여한다. 스스로 자유로워졌다는 것을 확인하기 전까지 압제자의 방식에 무분별하게 양보해서는 안 된다. 그렇게 되면 혁명적인 기획은 언제나 위험에 빠지거나 위협을 받게 된다. 혁명가들은 스스로에게 매우 엄격해야 한다. 사람들은 인간이기에 실수를 할 수도 있다. 불확실한 태도를 취할 수도 있다. 하지만 혁명에 거스르는 행동을 하면 스스로를 혁명가라고 부를 수는 없다. 혁명가들은 현재 실제적이고 특수한 가능성을 활용하여 역사적인 상황에 맞게 행동해야 한다. 혁명가의 역할은 민중들이 준변화불가능 상태거나 순진한 변화가능 의식의 수준에서 비판적 의식의 수준으로 이동하도록 도울 수 있는 가장 효율적이고 실행 가능한 방법을 모색하는 것이다. 이런 임무는 진정한 해방을 위한 것이다. 혁명적인 기획 그 자체에 함축되어있는 것이기도 하다. 리더들과 기층 민중들의 프락시스에 기반을 둔 혁명적인 기획들은 모두 기본적으로 '문화혁명'이 진행되는 과정에서 나타나는 '문화행동'이다.

혁명은 과학과 성찰 없이는 실현 불가능하다. 그래서 비판적 과정이다. 변화할 세계에 대한 성찰적 행동을 통해 민중은 세상이 실제로 변화하고 있음을 깨닫게 된다. 민중은 변화하는 세계에 대한 대화를 통해 다른 민중을 만난다. 또한 앎의 행위를 통해 한쪽 끝에 서 있는 민중은 다른 쪽 끝에 서 있는 혁명적인 리더를 만난다. 객관적인 조건들이 늘 이런 대화를 허용하는 것은 아니다. 따라서 대화를 위한 리더십의 역할이 중요하다.

체 게바라Che Guevara는 민중과의 대화에서 혁명적인 리더십을 보여주었다. 그의 업적에서 우리는 진정한 혁명을 위해서는 누구나 민중들과 '친교'를 해야 한다는 신념을 확인 하게 된다. 게바라는 주저 없이 사랑의 힘을 인정한다. 그 사랑은 진정한 혁명가들에게 필수 불가결한 조건이다. 볼리비아 일기Bolivian diary[32]를 보면, 농민들이 게릴라 활동에 지속적으로 참여하지 못하고 있다고 기록하고 있다. 그러나 게바라는 불만을 표현하지 않았다. 그는 농민들의 도움을 받게 될 거라는 희망을 결코 버리지 않았다. 게릴라 숙영지에서 게바라와 동료들은 친교의 정신에 따라 공동의 삶을 분석하고 행동 전략들을 계획했다. 그곳은 '이론의 장'이 되고 있었던 것이다.

게바라는 이분법적인 기획 방법, 내용 및 목표를 만들지 않았다. 항상 생명의 위협을 받고 있었음에도, 게바라는 게릴라전을 자유를 향한 길, 살아 있으나 시체처럼 살고 있는 자들에게 생명을 불어 넣는 일이라고 하였다. 카밀로 토레스 Camilo Torres 신부[33]처럼, 그는 인간에 대한 절망이 아니라 인류에 대한 사랑 때문에 게릴라가 되

32　[역주] 체 게베라가 볼리비아에서 게릴라 활동을 할 당시 쓴 일기. 1966년 11월 7일 볼리비아 동남부 낭카우아스에 도착한 날부터 유로 계곡 전투에서 체포되기 전날인 1967년 10월 7일까지의 기록을 담고 있다.
33　[역주] 까밀로 또레스(Camilo Torres, 1929-1966)는 콜롬비아의 가톨릭 신부이자, 해방신학자, 그리고 사회 혁명가이다. 1960년대 학생운동과 정치운동 참여로 정부와 교계로부터 탄압을 받았고, 콜롬비아 게릴라전에 일반 병사로 참전하였으나 첫 번째 전투에서 사망하였다. "예수님이 오늘날 살아계신다면, 게릴라가 되었을 것이다"라는 말을 남겼다.

었다. 그리고 해방의 경험에서 태어난 새로운 존재를 꿈꾸었다. 이러한 의미에서, 게바라는 전인미답(前人未踏)의 진정한 혁명적 유토피아를 실현하였다. 그는 제3세계의 침묵하는 자들의 위대한 선구자 중 한 사람이었다. 많은 이들과 대화를 나누면서 그는 침묵하는 자들을 대신하여 이야기했다.

다른 혁명가들도 게바라 같은 경험을 반복해야 한다는 말은 아니다. 그러나 게바라가 그랬던 것처럼 인내심을 가지고 끊임없이 민중들과의 친교를 맺기 위해 노력해야 한다. 민중들과의 친교는 – 이 논문에서 언급한 의미에서 유토피아적인 전망을 가진 사람들에게만 허용된 – 자유를 위한 문화행동의 기본 특성 중 하나이다. 진정한 친교란 인간들 사이의 소통을 의미한다. 그리고 세계가 이 소통을 매개한다. 친교의 맥락에서 이루어진 프락시스를 통해서만 의식화는 실현 가능한 기획이 된다. 인간은 다른 인간들, 즉 자신의 행동과 행동에 대한 성찰과 세계에 대한 성찰로 통합된 인간들 사이에 존재한다. 행동은 사람들을 묶어낸다. 그리고 행동과 세계에 대한 성찰도 사람들을 묶어 낸다. 따라서 이런 사람들 사이에 존재하는 한, 의식화는 인간 안에서 일어나는 공동 프로젝트이다. 사람들은 관점의 선명성을 함께 성취할 필요가 있다. 골드만Goldman은 이를 '실제 의식'real consciousness를 넘어서는 '최대 잠재의식'the maximum of potential consciousness 상태라고 부른 바 있다.[34]

의식화는 단순한 *의식하기*prise de conscience 이상의 것이다. 의식화는 '허위 의식'false consciousness을 극복한다는 의미, 즉 준변화불가능 또는 순진한 변화가능 상태를 극복한다는 의미를 갖는 한편, 더 나아가 의식화된 개인이 탈신화화된 현실에 대해 비판적 개입을 한다는 것을 의미한다. 반혁명 집단이 의식화를 실현할 수 없는 이유도 여기에 있다. 반혁명 집단은 유토피아적이지 않고 따라서 의식화를 초래할 수 있는 문화행동의 형태를 발전

---

34 [역주] Lucien Goldman, The Human Science and Philosophy (London: Jonathan Cape, 1969). 루시앙 골드만은 프랑스의 철학자로서 발생론적 구조주의(genetic structualism)을 발전시켰다. 헤겔Hegel, 맑스Marx, 루카치Lucaci, 피아제Piaget의 영향을 받아 부분을 전체의 구조 속에서 이해하는 구조주의적 관점을 취하는 한편, 사회계급이 무엇을 생각하고 느끼는지에 대한 실제적 계급의식뿐만 아니라, 무엇을 생각하고 느낄 수 있는지에 대한 잠재적 계급의식의 발견 가능성에 대해 논의하였다.

시킬 수 없다. 비인간적인 구조에 대한 급진적인 폭로와 이에 동반하여 인간이 창조하는 새로운 세계에 대한 선포 없는 민중 의식화는 불가능하다. 반혁명 집단은 스스로 자신의 가면을 벗을 수 없다. 또한 반혁명 집단이 허용하는 정도 이상으로 가면을 벗겨내도록 민중들을 지원할 수도 없다. 민중 의식의 선명도가 높아짐에 따라 의식 자체가 성장하는 경향이 있다. 그러나 이러한 형태의 의식화는 민중 의식화에 이르게 하는 프락시스로 바뀔 수 없다. 부당한 사회구조의 폭로 없이 의식화는 불가능하다. 반혁명 집단에게 이것을 기대할 수 없다. 또한 지배를 위한 민중 의식화도 불가능하다. 반혁명 집단은 지배를 위해서만 새로운 형태의 문화행동을 발명한다.

따라서 두 가지 형태의 문화행동은 서로 적대적이다. 자유를 위한 문화행동의 특징은 대화에 있고, 그 탁월한 목적은 민중들을 의식화하는 것이다. 그러나 지배를 위한 문화행동은 대화에 반하며 민중 길들이기 역할을 한다. 전자는 문제제기를 하지만 후자는 슬로건으로 설득한다.[35] 자유를 위한 문화행동은 현실에 대한 과학적 폭로, 다시 말해 신화와 이데올로기 폭로에 기여하기 때문에, 이데올로기와 과학은 구분되어야 한다. 알뛰세르 Althusser는 바로 이런 구분의 필요성을 강조한다.[36] 자유를 위한 문화행동은 알뛰세르가 말한 대로 '이데올로기의 신비화'나 '[이데올로기의] 신화에 대한 단순한 도덕적 폭로'로도 충족될 수 없다. 자유를 위한 문화행동은 '이데올로기에 대한 합리적이고 엄격한 비판'을 수행해야 한다. 의식화를 위한 문화행동에 헌신하는 사람들의 궁극적인 역할은 해방 사상을 만들자고 말하는 것이 아니다. 민중들이 현실의 진실을 파악하도록 유도하는 것이다.

이러한 관점에서 과학적 지식은 단순히 전달되는 지식이 될 수 없다. 왜냐하면 인간 해방의 의도로 전달된 지식이라고 할지라도 과학적 지식은 단순하게 전달되는 지식일 수 없기 때문이다. 의도와 실행이 불일치할 때는

---

35 프레이리Freire의 『억압받는 사람들을 위한 교육학, *Pedagogy of the Oppressed*』에서 이 두 가지 형태의 문화행동에 대한 논의가 이루어진다.
36 Louis Althusser & Etiene Balibar, *Para leer el capital* (Mexico: Siglo XXI, 1969).

실행 과정에서 의도가 사라질 것이다. 현실에 대한 과학적 지식을 위한 유일하면서도 진정한 출발점은 인간과 세계 사이의 변증법적 관계에 대한 비판적 이해이다. 그리고 이러한 관계들이 어떻게 진화하였고 이런 관계들이 어떻게 구체적인 현실에 대한 인간의 인식을 조건화했는가에 대한 비판적 이해이다.

민중에 대한 지배력을 유지하기 위한 전략으로 문화행동을 활용하는 사람들은 신화화된 현실에 대한 전망 속에서 민중들을 교화할 수밖에 없다. 그렇게 함으로써 반혁명 집단은 과학기술을 자신들만의 이데올로기에 종속시킨다. '커뮤니케이션' 매체가 규정한 현실에 민중들을 꿰맞추기 위한 정보와 규약들을 퍼뜨리기 위하여 과학기술을 활용하면서 말이다. 반대로 자유를 위한 문화행동을 취하는 사람들에게 과학은 반혁명 집단이 창조한 신화를 폭로하는 데 없어서는 안 될 도구이다. 또한 철학은 새로운 현실을 선포하기 위한 틀이다. 과학과 철학은 모두 의식화를 위한 행동 원칙을 제공한다. 의식화를 위한 문화행동은 항상 유토피아적 기획이다. 철학이 필요한 이유가 여기에 있다. 철학 없이는 현실을 폭로하고 미래를 선포할 수 없다. 그 대신에 '이데올로기적 지식의 신비화'에 빠지게 될 것이다.

자유를 위한 문화행동의 유토피아적 속성은 무엇보다도 지배를 위한 문화행동과 구별된다. 신화에 근거한 지배를 위한 문화행동은 현실에 대한 문제를 민중들에게 제기해 줄 수 없다. 또한 민중들이 현실을 폭로할 수 있도록 도울 수 없다. 왜냐하면 이런 기획들은 모두 폭로와 선포를 담고 있지 못하기 때문이다. 반대로, 새로운 현실에 대한 선포가 자유를 위한 문화행동을 문제화하고 이에 대한 새로운 의식화가 이루어진다는 점에서 이는 인간의 성취를 위해 제시되는 역사적 기획이다.

민중들 사이에서 존재하는 준변화불가능 또는 순진한 변화가능 상태에 직면하게 될 때, 의식화는 비판적 의식이나 '최대 잠재의식'의 획득을 그리게 된다. 이 목표는 선포가 구체화된다고 해서 사라지지 않는다. 오히려, 선포가 구체적 현실로 되면 민중들 사이에서는 비판적 의식을 가져야 하는 필요성이 전방위적으로 더 커지게 된다. 따라서 선포된 것을 실현하기 위한 투쟁으로서 자유를 위한 문화행동은 영구적 문화혁명으로 전환되어야 한다.

서로 구분은 되지만 연결될 수밖에 없는 문화행동과 문화혁명에 대해 자세히 설명하기 전에 의식 수준에 관한 지금까지 논의를 요약해 보자. 자유를 위한 문화행동, 이것의 주요 정신으로써 의식화, 비판적 의식에 의한 준변화불능성, 순진한 변화가능 상태의 극복 사이에는 명백한 관련성이 있었다. 비판적 의식은 지적 노력으로만 이루어지지 않는다. 행동action과 성찰reflection의 진정한 결합을 통해서, 즉 프락시스를 통해 이루어진다. 그러한 성찰과 행동은 민중들에게 거부될 수 없다. 만약 거부된다면 민중은 의사 결정권을 확보한 리더십의 손아귀에 저당 잡힌 실천가로 전락하고 말 것이다. 진정한 혁명 집단은 어느 정도 수준이든지 민중의 허위의식 극복을 성공적으로 자극할 수 있다. 반면 반혁명 집단은 그렇게 할 수 없다. 반혁명 집단은 자신들의 권력 유지에 동조할 수 있고 이를 위한 기획을 도울 수 있는 엘리트를 필요로 한다. 혁명적 리더십은 혁명적인 프로젝트를 현실로 만들기 위해 점점 더 비판적인 의식을 형성하고 있는 민중들을 필요로 한다.

혁명적 현실이 실현된 후에도 의식화는 멈추지 않는

다. 새로운 현실이 도래한 후에도 의식화는 민중들 속에 존재하는 문화적 신화를 추출하기 위한 도구이다. 더욱이 의식화는 관료제에 대항하는 힘이다. 관료제는 혁명적 비전을 약화시키고 자유라는 이름으로 민중을 지배한다.[37] 결국 의식화는 또 다른 위협, 즉 잠재적인 기술의 신화화에 대한 방어이다. 새로운 사회는 구시대의 하부구조 변화를 요구한다.[38]

전환기의 민중 의식에는 두 가지 가능성이 열려있다. 첫 번째는 순진한 의식 상태에서 비판적 의식의 수준으로 성장하는 것이다 – 골드만Goldman이 말한 '최대 잠재의식'까지 말이다. 두 번째는 변화가능 의식 상태에서 병리적 형태, 즉 광신적이고 '비합리적인' 의식 형태로 왜곡되는 경우이다.[39] 대중사회의 현상인 '대중화'는 이

---

37 혁명적 선언을 삼켜 버리는 죽음애적인(necrophilic) 관료제에 대한 비판이 반혁명 집단을 강화시킨다는 신화에서 벗어나야 한다. 사실 정 반대다. 이는 비판이 아니라 침묵이 선언에 대한 포기이자 반혁명 집단에 대한 항복이다.

38 Freire, *Pedagogy of the Oppressed* 참조

39 다음을 참조할 것. Gabriel Marcel, Man against Mass Society, trans. G. S. Fraser (Chicago: A Gateway Edition, 1962)

런 수준의 의식에서 비롯된다. 귀족주의적 관점에서 볼 때, 대중사회는 역사 과정에서 대중의 출현과는 관련이 없다. 사실, 대중은 자신 주장과 요구를 갖고 스스로 역사 과정에 등장한다. 그러나 이들의 의식은 순진한 상태이다. 그리고 이는 하부구조 변화의 영향 아래에 있었던 닫힌 사회가 최초로 붕괴되는 현상이기도 하다. 그러나 대중사회는 더 나중에 등장한다. 대중사회는 고도의 기술화된 복잡한 사회에서 등장한다. 이런 사회가 기능하기 위해서는 전문성과 합리성이 요청된다. 그러나 결국 전문성은 전문가주의로, 합리성은 신화를 만드는 비합리성으로 타락하게 된다.

전문성과는 달리 – 이에 대해서는 우리가 반대하지는 않는데 – 전문가주의는 지식의 영역을 좁혀 놓는다. 이런 방식으로 소위 '전문가들'에게 일반적인 사고는 불가능하다. 자신의 좁은 '전문성'을 넘어선 전체의 비전을 상실했기에 전문가들은 자신의 전문성에 대에서 올바른 생각을 할 수 없다.

마찬가지로, 과학기술의 기본인 합리성은 기술 자체의 놀라운 효과에 가려 사라진다. 그리고 그 합리성의 자리는 신화-만들기라는 비합리성이 차지해 버린다. 인간을 뛰어난 로봇 정도로 설명하려는 시도는 이러한 비합리성에서 비롯된 것이다.[40]

대중사회에서 생각의 방식은 의복문화와 음식의 맛처럼 표준화된다. 인간들은 세계와의 변증법적 관계에 대한 대응보다는 커뮤니케이션 매체로부터 매일 받는 처방에 따라 생각하고 행동하기 시작한다. 모든 것이 미리 조립되어 있고 행동이 거의 자동화된 대중사회에서 인간은 '스스로를 위험에 내맡길' 필요가 없기 때문에 길을 잃고 만다. 인간은 가장 사소한 것도 생각할 필요가 없다. 상황 'a' 또는 'b'에서 무엇을 해야 하는지 알려주는 매뉴얼이 항상 있다. 가끔 사람들은 어느 방향으로 가야할지 생각하기 위해 거리에 멈춰 서야할 때가 있다. 거기에는 항상 문제 상황을 해체하는 화살표가 있다. 거리 표지판은 그 자체로 악하지는 않다. 대도시에서는 필요하다. 그러나 기술사회에는 수천 가지의 방향 표지판이

---

40 저자와 최근의 대화에서, 프롬의 조수이면서 정신분석가인 미첼 맥코비Michael Maccoby는 그의 연구가 신화화된 기술과 죽음애적 태도 사이의 관계를 제안하고 있다고 말했다.

있는데 인간이 도입한 이런 것들이 비판적 사고 능력을
방해한다.

따라서 기술은 가장 위대한 인간 창조물 중 하나로
서 인식되지 않는다. 대신에 인간이 숭배하는 새로운 종
의 신이 된다. 능력이란 더는 인간이 생각하고 상상하고
창조를 위해 위험을 무릅쓰는 힘이 아니라 위에서 내려
온 명령을 정해진 시간에 정확하게 수행하는 것을 의미
한다.[41]

그러나 기술 개발은 혁명적 기획의 관심사 중 하나
여야 한다. 기술 숭배의 일탈에 대한 책임을 기술 자체
탓으로 돌리는 것은 단순한 일이다. 이는 또 다른 종류의
비합리성이다. 악마적 존재인 기술이 하늘 위에서 인간
을 해치고 있다고 생각하는 것은 비합리적인 태도이다.

---

[41] 자기가 속한 부서가 정한 목표, 요구 및 경로와 상관없이 창조적이고
자율적인 행동을 통해 자아실현을 추구하는 전문가들에게 군대의 까다로
운 군인이 어울리지 않는 것처럼 대기업이나 정부 기관 자리도 적합하지
않다… 신기술을 다루는 조직은 고위 경영진의 것과 유사한 일반 대중의
경험을 체계적으로 부정함으로써 우리 사회에서 사회적 비합리성의 확장
에 심각하게 기여한다. John MacDermott, "Technology: The Opiate of
Intellectuals," *New York Review of Books, No. 2* (July 31, 1969).

비판적으로 볼 때 기술은 최초의 도구를 만들어 세계를 변화시켜 인간화하기 시작했던 순간부터 인간이 참여한 창조적 과정에 나타난 자연스러운 국면일 뿐이다.

　기술이 필수적일 뿐만 아니라 인간의 자연스러운 발전의 일부라는 사실을 고려할 때 혁명가가 직면하는 문제는 어떻게 기술의 신화적 일탈을 피하는가이다. '인간관계'human relations의 기술[42]은 답이 아니다. 왜냐하면 결국 인간관계의 기술은 더 높은 생산성에 기여하기 위해 인간을 더욱더 길들이고 소외시키는 방법일 뿐이기 때문이다. 이런 이유들 때문에, 우리는 자유를 위한 문화행동을 주장한다. 그러나 우리는 의식화에 어떤 신비한 힘을 부여하지는 않는다. 그렇게 한다면 의식화를 신화화할 뿐이다. 의식화는 혁명가를 위해 준비한 신비로운 선물이 아니다. 의식화는 혁명가들의 기본적인 성찰적 행동 차원이다. 인간이 행동하고 지각하며 인식하고 재창조할 수 있는 '의식하는 몸'이 아니라면, 그리고 인간이

42　[역주]여기에서 인간관계 기술이란 기업에서 노동자들의 생산성과 사기를 높이기 위해 인간관계를 중시하는 노무 관리 기술을 의미한다.

자기 자신과 세계를 의식하지 않는다면, 의식화 사상은 의미가 없을지도 모른다. 그렇게 되면, 혁명 사상도 존재하지 않을 것이다. 진정한 혁명은 인간해방을 위한 작업이다. 왜냐하면 인간은 자기 자신이 억압받고 있다는 사실을 인식하고 자신들이 존재하는 억압적 현실을 의식하기 때문이다.

그러나 우리가 보았듯이 인간의 의식은 현실에 의해 조건 지워진다. 따라서, 의식화는 우선 현실에 대한 선명한 인식을 방해하는 장애물을 인식하게 하는 인간 계몽을 위한 노력이다. 이를 통해 의식화는 민중들의 인식을 혼란스럽게 하고 인간을 애매한 존재로 만드는 문화적 신화의 퇴출에 영향을 미친다.

인간은 역사적인 존재이며 불완전한 존재이고 불완전하다는 것을 의식할 수 있는 존재이기에 혁명은 교육만큼이나 자연스럽고 영구적인 인간 차원의 일이다. 기계적 사고를 하게 될 때에만 교육이 어떤 시점에서 끝날 수 있고 혁명은 권력을 획득하는 순간 멈출 수 있다고 여기게 된다. 진정성을 가지려면 혁명은 지속적인 사건이어야 한다. 그렇지 않으면 혁명은 멈추고 동맥경화와 같은 관료제sclerotic bureaucracy가 등장할 것이다.

억압적인 사회를 폭로하는 단계에 있든 정의로운 사회의 도래를 선포하는 단계에 있든, 또는 혁명으로 시작된 새로운 사회의 단계에 있든 혁명은 항상 문화적이다. 새로운 사회에서 혁명의 과정은 문화혁명이 된다.

마지막으로 문화행동과 문화혁명이 혁명 과정에서 구별되는 이유를 살펴보자. 우선 문화혁명은 혁명 정권에 종속되어 있지는 않지만 혁명 정권과 조화를 이루며 일어난다. 반면 자유를 위한 문화행동은 파워 엘리트에 반하여 수행된다. 모든 문화혁명은 자유를 목표로 삼는다. 문화행동이 거꾸로 억압적 정권의 후원을 받는다면 이는 지배를 위한 전략이 될 수 있으며 결코 문화혁명이 될 수 없다.

문화행동의 한계는 억압적인 현실과 파워 엘리트가 강제한 침묵에 의해 결정된다. 따라서 억압의 속성이 어떤가에 따라 문화혁명에서 사용된 전술과는 전혀 다른 전술이 결정된다. 자유를 위한 문화행동은 외적 사실이자 주입된 현실로서 침묵과 마주한다. 문화혁명은 주입된 현실과만 마주한다. 자유를 위한 문화행동과 문화혁명은 모두 지배문화를 문화적으로 부정하기 위해 노력하고 이를 통해 새로운 현실이 창조된다. 새로운 문화 현실은 다시 더 진보된 긍정을 위한 부정의 대상이 된다. 그러나 문화혁명에서 이런 부정은 구시대의 자궁에서 일어나는 새로운 문화의 탄생과 동시에 일어난다.

문화행동과 문화혁명은 모두 현실을 변화시키는 주체로서 리더와 민중 사이의 친교를 담고 있다. 그러나 문화혁명에서 친교는 매우 확고하여 리더와 민중들은 한 몸처럼 된다. 끊임없는 자기 점검을 하면서 말이다.[43] 문화행동과 문화혁명은 모두 현실에 대한 과학적 지식에 기반을 두고 있지만 문화혁명에서 과학은 더는 지배적 위치에 있지 않다. 그러나 두 가지 측면에서 자유를 위한 문화행동과 문화혁명 사이에는 차이가 없다. 둘 다 의식화에 기여한다. 또한 각각의 필요성은 '중층결정의 변증법'을 통해 설명된다.

우리는 이 역사적 전환기에 라틴아메리카가 직면한

---

43 이러한 문화혁명에 관한 설명은 중국 문화혁명 등을 분석하는데 적용될 수 있지만 그것이 우리의 의도는 아니다. 우리는 우리의 연구를 문화혁명과 문화행동 사이의 관계를 대략 그려보는 정도로 제한한다.

도전에 대해 이야기했다. 다른 제3세계 지역들도 미묘한 차이는 있겠지만 우리가 기술한 것과 다르지 않다고 믿는다. 이들 지역들도 해방을 향한 길을 걷고 있다면 의식화를 위한 문화행동을 피해갈 수는 없다. 그러한 과정을 통해서만 새롭게 등장한 무비판적 대중이 '최대 잠재의식'을 획득할 수 있으며 준변화불가능 의식 상태에서 완전히 벗어날 수 있다. 만약 우리가 인간에 대한 신념을 갖고 있다면, 인간으로서 존재하기 위한 구체적인 행동을 해야 한다.

찾아보기

인명

자유를 위한 문화행동

초판 발행 2022년 11월 18일

지은이 파울로 프레이리

옮긴이 허준

디자인 정재완

펴낸이 최외출

펴낸곳 영남대학교출판부

출판등록 1975년 9월 5일 경산 제16-1호

주소 경상북도 경산시 대학로 280

전화 053) 810-1801~3

FAX 053) 810-4722

홈페이지 book.yu.ac.kr

ISBN 978-89-7581-857-8 93370